ハリネズミの耳

——音楽随想

新保祐司

港の人

ハリネズミの耳

古代ギリシアの詩人アルキロコスの詩作の断片に、「狐はたくさんのことを知っているが、ハリネズミはでかいことを一つだけ知っている」という謎めいた一行がある。

思索を喚起する不思議な力を持った言葉であり、思想史家アイザイア・バーリンは、作家と思想家、さらには人間一般を「ハリネズミ族」と「狐族」の二つに大別してみせた。

「ハリネズミ族」とは、いっさいのことをただ一つの基本的なヴィジョンに関連させ、それによって理解し考え感じるような人間のことであり、プラトン、パスカル、ヘーゲル、ドストエフスキー、ニーチェなどの名が挙げられる。

一方、「狐族」は、求心的ではなく、遠心的であり、きわめて多様な経験と対象の本質をあるがままに、その関連性にこだわらず、とらえようとする。アリストテレス、モンテーニュ、エラスムス、ゲーテ、バルザック、ジョイスなどがこの類型に入る。

多神教的な精神風土に呼吸している日本人には、もともと恐らく「狐族」の方が多いであろう。さらに、高度情報化社会といわれる現代においては、一たくさんのことを知っている」ことはそんなに難しいことではなくなったから、ますます浅薄な「狐族」が増殖している。しかし、私はこれまでの読書傾向を振り返ってみても、「ハリネズミ族」に分類される作家、思想家を好んできたし、「でかいことをただ一つ知っている」精神の在り方に強い憧憬を抱いている。

そして、この分類を音楽の方に応用してみると、ハリネズミの耳と狐の耳があるように思われる。音楽に全身全霊を集中させて聴いているとき、私はハリネズミの耳で、音楽の中に鳴っている「でかいことを一つだけ」聴きとろうとしているのである。

一方、音楽を聴くのに、狐の耳で聴くという流儀もあるであろう。音楽の中には、もちろん「たくさんのこと」が鳴っていて、それらを多様性のままに楽しむということはありえる。しかし、私は「でかいことを一つだけ」聴きとろうとする姿勢の方を良しとする者である。ベートーヴェンを聴くとは、ベートーヴェンにおける「でかいこと」を聴きとることに他ならない。

例えば、今日ではモーツァルトについて「たくさんのことを知っている」人間が増えているだろうが、モーツァルトの音楽の中に鳴っている「でかいこと」を何人が聴きとっているであろうか。小林秀雄は、今日に比べれば、資料や録音などがはるかに少ない時代に、「でかいことをただ一つ」、即ち「疾走する悲しみ」をたしかに聴きとったのである。

ハリネズミの耳——音楽随想　目次

第二部　演奏家篇

第一部　作曲家篇

「英雄」の悲しみ

ヘンデル　合奏協奏曲作品三

十年ほど前に、ロンドンにあるヘンデル・ハウス博物館を訪ねた。

ヘンデルの「メサイア」や「水上の音楽」などは傑作に違いないであろうが、それほどたびたび聴くということもない。ただ、クリストファー・ホグウッド指揮ヘンデル・ハイドン・ソサイエティの演奏による「合奏協奏曲作品三」のCDは、かねてより私の愛聴盤の一枚であった。

そんなことで、ロンドンに行った際に、地下鉄のボンド・ストリート駅から南方に歩いて数分のところにある博物館に立ち寄ったのである。一八三九年、ヘンデル没後八〇年の年に描かれた、この家の水彩画の絵葉書を記念に買った。

それから一週間ほどしてヴェネツィアを旅したとき、知人の紹介でこの水の都に住んでいるアーティストを訪ねた。ヴェネツィアの古い建物に住んでいる人の家の中に初めて入ったが、外側の保存はとても厳しく規制されているようだが、内部は現代的に改装してあるので少し意外であった。たしかにエレベーターはないから、階段で四階の住居に上っていくのはなかなか大変であったが。しかし、そういう不便の中に生活することに意味を見出しているに違いない。帰りにタクシーを呼んでくれたが、それが家の外の船着場にやってくる小舟であったので、やはり不思議な町には違いない。

その人の家で雑談をしているとき、音楽がかかっていた。何の曲か思い浮かばなかった。CDのジャケットを見ると、ヘンデルの何かのオペラの全曲盤であった。ヴェネツィアという中世の古都の一室で、ヘンデルのオペラを聴いているというのは、実にぴったりしているように感じられた。

ヘンデルの音楽に、ヘンデルについて大著を書いたロマン・ロランのいうように「英雄的精神」が鳴り響いているのはたしかだが、私はヘンデルの魅力は、その「英雄」の悲しみが聴こえるところにあると考えている。

それは、普通の人間の悲しみではない。並の人間の悲しみは、アダージョでよい。しかし「英雄」の悲しみは、ラルゴでなくてはならないのである。そこに、ヘンデルの特徴的な速度標語がラルゴである所以がある。

また、ヘンデルといえばオーボエである。大作曲家には、その作曲家に特別な意味を持つ楽器があることがあるが、ヘンデルの場合はオーボエである。ヘンデルが、今日二つのオーボエと通奏低音のための六曲のトリオ・ソナタとして知られているものの原曲を作曲したのは、十一歳の頃だが、ヘンデルはその当時を思い出して、「あの頃私は丁度悪魔にとりつかれたように、特にオーボエのために作曲したものだ。オーボエは私の愛用の楽器だった」といっている。オーボエの音は、ヘンデルの魂の深奥に届くものであったに違いない。

このオーボエの音こそ、「英雄」の悲しみを歌うのに最もふさわしいように感じられる。そして、このようなオーボエが印象的に鳴っているのが、この「合奏協奏曲」なのである。この曲集が、管楽器の中で特にオーボエの響きが感銘深いので、長らく「オーボエ協奏曲集」と呼ばれてきたのも当然であろう。

「合奏協奏曲作品三」の中でも、特にオーボエが「英雄の悲しみ」を歌いあげるのは、二番目の協奏曲変ロ長調の第二楽章ラルゴ（やはり、ラルゴである）であろう。

さざ波のような二つのチェロを背景にオーボエが独奏するラルゴは、イタリア・オペラの舞台を彷彿とさせるといわれるが、私はこの曲を聴いていて、ふと、『平家物語』の「敦盛最期」をもとにしてつくられた文部省唱歌「青葉の笛」を連想したことがある。

ヘンデルと『平家物語』、ずい分変な連想といえばいえるが、そうでもないともいえる。ヘンデルが作曲したオペラは五十曲にものぼるが、題材は古代および中世の英雄の話である。エジプトやらローマやら、あまり筋をまともに考えることも必要のないものである。『平家物語』を知っていたら、興味を感じて作曲したかもしれない。

唱歌「青葉の笛」は、一ノ谷の戦いに敗れた平家の中にいた平敦盛という「年十六七ばかり」の公達《きんだち》の悲劇をもとにしたものである。この「容顔まことに美麗」で「笛」の上手でもあった公達は、源氏の熊谷次郎直実に討ちとられる。「青葉の笛」（大和田建樹作詞、一九〇六年）の歌詞の一番は次のようなものである。

一の谷の　軍《いくさ》破れ
討たれし平家の　公達あはれ
暁《あかつき》寒き　須磨の嵐に
聞えしはこれか　青葉の笛

ヘンデル作曲のオーボエによるラルゴを聴いていると、このオーボエは敦盛の吹く「青葉の笛」なのではないかという思いに誘われるのである。

他者表現の芸術家

メンデルスゾーン
ヴェネツィアの舟歌

そもそも、クラシック音楽に心惹かれるものを感じた最初の曲は、実はメンデルスゾーンの有名な「ヴァイオリン協奏曲」であった。たしか小学校の四、五年生の頃、音楽の授業のレコード鑑賞の時間に、この協奏曲の冒頭の部分を聴いたとき、私はそれまでの聴覚世界とは一線を画すような驚きを覚えたのであった。

メンデルスゾーンの曲では、交響曲第三番「スコットランド」や第四番「イタリア」も好きでよく聴く。特に前者は、北方的精神を愛する者には、スコットランドという北国の詩情と歴史が表現されているように感じられ、「特愛」の曲の一つであるが、「無言歌」はそれまであまり聴いたことがなかった。それがふと、「無言歌」の世界を味わってみようと思い立った。

「無言歌集」全八巻を通して聴いていると、まず「品格」という言葉が思い浮かぶ。『国家の品格』という本がベストセラーになって以来、「品格」という、ほとんど死語になっていた日本語が復活したが、音楽の方でいえば、メンデルスゾーンの音楽は、最も「品格」を感じさせるものではないか。そして、このような音楽に深く心惹かれる年齢に私もなった。

若い頃はショパンのピアノ曲に天才を感じ、最初の音楽批評というべき「ショパンの寒さ」と題した短い文章を書いたのは、一九九〇年、三十七歳のときであった。その中でも触れているが、ポリーニの弾く「エチュード」に全く打ちのめされていたのであった。

ポリーニのショパン、特に「エチュード」の演奏は、まさに天才の全面的開花である。このショパンの天才の激しさ、深さ、繊細さ、詩情といったものに比べれば、メンデルスゾーンの音楽は、「中庸」といった趣きである。「品格」もそこから生まれてくる。

ショパンの音楽も、この頃は「マズルカ」のようなものに親しみを感じるようになり、「ポロネーズ」のような激情の音楽は、少し敬遠したい気持ちになってきたのである。

「無言歌」全四十八曲の中で特に気に入ったのは、「ヴェネツィアの舟歌」と題された三曲であった。第一巻の最後六曲目に「ヴェネツィアの舟歌」ト短調があり、第二巻にも六曲目に「ヴェネツィアの舟歌」嬰ヘ短調がある。そして第五巻の五曲目に、「ヴェネツィアの舟歌」イ短調がある。

「無言歌」全四十八曲には、すべてタイトルがついているが、メンデルスゾーン自身がつけたものは、五曲のみである。そのうち、「ヴェネツィアの舟歌」は、メンデルスゾーン自らがつけたものであり、その他は二曲しか命名していないことになる。メンデルスゾーンの「ヴェネツィアの舟歌」への思いの深さが分かる。それも、三曲も作っているのである。

メンデルスゾーンは、ヨーロッパの各地を旅しているが、ヴェネツィアに行ったのは、一八三〇年の一〇月、二十一歳のときである。そのときの印象をもとに作曲したのであろう。

「無言歌」はすべて短い曲だが、「ヴェネツィアの舟歌」も、ト短調が二分、嬰ヘ短調が三分二十秒、イ短調が二分三十八秒である。三曲とも、しみじみとした感銘深い音楽である。始まったかと思うとやがて終ってしまう短さが、ヴェネツィアの憂愁にふさわしいように感じられる。ヴェネツィアに行ったのは、一〇月一八日と記録されている。この水の都のたゆたう波の上に、秋の夕陽が映っているような光景が思い浮かぶ。

二〇〇三年の秋から〇四年の三月末まで、英国の中世の古都カンタベリーに滞在していた間にヨーロッパ各地を旅したが、その中で最も印象深かった場所は、ヴェネツィアであった。もう一度行くとしたら、まず行きたいのが、この都市である。私がヴェネツィアを訪ねたのは、観光シーズンからはずれた二月下旬のことであった。雪まで降りだして、中世の古都は一段と中世的になっていた。

ショパンの音楽は、徹底的に、強烈に近代的である。いいかえれば「自己」が表に出た芸術、個性の芸術である。一方、メンデルスゾーンは、そういう人ではなかった。古典主義者ゲーテに愛され、バッハの「マタイ受難曲」を復活させたメンデルスゾーンは、他者表現の芸術家であった。自己表現を高く評価する近代に、ショパンより低く位置づけられてきたのも当然であろう。

しかし、時代は変わりつつある。メンデルスゾーンを通して、スコットランドやヴェネツィアは、まざまざと表現されている。その「ヴェネツィアの舟歌」を聴いていると、ヴェネツィアという時空間にすっぽりと入りこんでたゆたうような思いにさらわれてしまうのである。

青春の不安

ペルゴレージ
スターバト・マーテル

銀座に所用があって出かけたとき、少し時間が空いてしまったので、山野楽器の二階のクラシック売場に寄った。

こんな場合、昔は、喫茶店で時間をつぶしたりしたものだが、この頃はチェーン店のような喫茶店ばかりで、それもいつも混んでいて、少しも落ち着かない。だから、山野楽器の売場でぶらぶらしている方がましなので、よく立ち寄る。

この日は、やや時間があったので、奥の方、銀座通り寄りの、宗教曲などが並んでいるところまで歩いていった。と、ペルゴレージの「スターバト・マーテル」のCDが眼に入った。

この曲は、私の「特愛」の曲で、宗教曲としてはモーツァルトの「レクイエム」よりも好きかもしれない。二十代の頃、ずいぶんと聴いたが、印象深い経験をした曲でもあるので、何種類かのCDを比べたあと、クラウディオ・アバド指揮、ロンドン交響楽団員、マーガレット・マーシャル（ソプラノ）、ルチア・ヴァレンティーニ＝テッラーニ（メゾソプラノ）によるものを買い求めた。

ペルゴレージは、周知の通り、一七一〇年に生まれ、三六年に二十六歳で没した天才である。モーツァルトは三十五歳、シューベルトは三十一歳で死んだが、二十六歳とは、また何という若さであろう。

中原中也は三十歳で死んだが、人間、三十歳まで生きれば、一応青春を完了したとはいえるであろう。しかし、二十六歳で死ぬということは、まさに青春のただ中で摘みとられたという感じである。

詩人では、立原道造が思い浮かぶ。立原は二十四歳で死んだ。三好達治は、追悼して、「人が詩人として生涯をはるためには／君のやうに聡明に　清純に／純潔に生きなければならなかつた／さうして君のやうに　また／早く死ななければ！」という詩を書いた。

ペルゴレージが死んだとき、イタリアの詩人の誰かが、同じような詩を書いたとしてもおかしくはあるまい。ペルゴレージも、「聡明」で「清純」、かつ「純潔」である。

立原道造の詩が決して暗くならず、優しく、美しく、さわやかであるように、ペルゴレージの「スターバト・マーテル」は、青春のただ中で死んだ人間が歌ったもののらしく、優美である。モーツァルトの「レクイエム」が、三十五歳の男の人生の苦悩が滲みこんだ音楽となっているように聴こえるのとは対照的である。モーツァルトの「レクイエム」よりも「スターバト・マーテル」が好きだと前述したのも、こんなところからである。「スターバト・マーテル」は、夭折したペルゴレージの作品ということにとどまらず、実は、死の直前に書かれた、恐らく最後の作品なのである。「白鳥の歌」であるが、それにもかかわらず、この音楽は、あえていえば明るい。深々と明るいのである。

印象深い経験をしたと書いたが、それは、一九七八年、二十五歳のときのことであった。当時、私は、大学を出て会社勤めをして二年目、仙台に住んでいた。会社の独身寮に入っていたが、この寮がもと料理屋か何かで大変古い木造の二階建てだった。

その頃、ＦＭラジオからカセットに録音して音楽を聴くことが多かった。「スターバト・マーテル」もその中の一曲で、夜、勤めから帰ってきて一人で聴く「スターバト・マーテル」は、心に滲みいるような美しさであった。演奏者は誰だったか。このアバドの録音が八三年だから、これでないことはたしかである。記憶の中では、このアバドの演奏よりも、もっと儚く、清冽な音だったように鳴っている。

そんな中、六月一二日に宮城県沖地震が起こったのである。夕方だったので、私は会社の事務所にいた。どうも市内にはいろいろと被害が出ているという噂がしきりで、会社の近くのいつも頼んでいる寿司屋からの出前で夕食をそそこにすませて、いつもはバスで通う道を歩いて、夜九時頃に帰った。一時間くらいかかったろうか。途中、地震による惨状を見た。

寮に帰ると、電気もつかず、真暗であった。蠟燭をつけて廊下などに置いたが、古い木造なので、いろいろと壊れているようであった。しかし、よく見えない。手探りで自分の部屋にたどり着くと、万年床の上に、天井から降ってきた埃がたまっている。天井板が地震で揺れて、すき間から落ちてきたのに違いない。

箒で蒲団の上を掃いて、その晩は寝たが、翌朝、眼を覚ましたらびっくりした。天井から降った埃が、朝陽の明るさの中で見ると、想像していたよりも部屋全体に広がっていて、よくこんなところで寝られたものだと呆れた。

この地震の恐怖と不安は、しばらくつづいた。青春の不安は、「地震《ふる》ふ」恐怖で、実存の不安に深まった。そんな心で聴く「スターバト・マーテル」は、優美であるが、たんに優しく軟らかいものではなかった。たしかに硬いものであった。夜毎に私は、「鹿の渓水《たに》をしたひ喘《あへ》ぐが如く」（詩篇四二篇一節）、ペルゴレージの「スターバト・マーテル」を聴いていた。

深々とした祈り

ペルゴレージ
サルヴェ・レジーナへ短調

二〇一〇年はペルゴレージ生誕三〇〇年にあたり、クラウディオ・アバドによる「ペルゴレージ・プロジェクト」として、全三枚のCDが発売された。

前章で、ペルゴレージの「スターバト・マーテル」について書いた。この曲は、「特愛」の音楽の一つであるが、ペルゴレージの他の作品については全く聴いたことがなかった。

よく解説書などで傑作として触れられているオペラ「奥様女中」も、何かタイトルが下品な感じで未だに聴いたことがない。そういうことで、この三枚のCDは、ペルゴレージの宗教曲を多く収録しているので、とても楽しみにしていた。

まず一枚目のCDには、「スターバト・マーテル」、「ヴァイオリン協奏曲変ロ長調」、「サルヴェ・レジーナハ短調」が入っている。二枚目には、「聖エミディウスのためのミサ曲」、「サルヴェ・レジーナヘ短調」、「私は恥ずべき行いを――私の歩みに指導者はいない」、「しもべらよ、主をたたえよ」が収められている。そして、最後の三枚目には、「主よ、われは御身に感謝し奉る」、「私の声を聞かず、私の顔を見ない者は」、「サルヴェ・レジーナイ短調」、「主は、わが主に言いたまいぬ」が入っている。

この三枚のCDによって、ペルゴレージの宗教曲を何曲も聴くことができたが、「スターバト・マーテル」を別格として、最も心に滲みいったのは、「サルヴェ・レジーナヘ短調」であった。

一枚目のCDに「サルヴェ・レジーナハ短調」が入っている。「サルヴェ・レジーナ」は、解説書には「中世以来、聖務日課の最後に歌われてきた、聖母マリアのための四つの大アンティフォナのひとつで、十五世紀以来、多くの作曲家の手で多声楽曲として作曲されてきた」とある。

ハ短調の「サルヴェ・レジーナ」は、ペルゴレージの最晩年に書かれたが、CDの三枚目に入っているイ短調の「サルヴェ・レジーナ」は、一七三一年、ペルゴレージが二十一歳のときの作品である。

解説書には、「ペルゴレージは、この楽曲を二曲残している。そのうち、最晩年に書かれたハ短調の《サルヴェ・レジーナ》の方は、これまでにもとりあげられる機会があったが、このイ短調の《サルヴェ・レジーナ》はそれほど注目されてきたとはいいがたい」と書かれている。

この二曲とも、ソプラノ独唱と弦楽合奏および通奏低音のために書かれているが、ハ短調の曲も美しいし、二十一歳のときの若書き（二十六歳で夭折したペルゴレージに、若書きというものはありえないかもしれないが）のイ短調の方も、「何かしら永らへるのに不適当な無垢な魂の鎮痛な調べが聞かれる」ようである。

小林秀雄は『実朝』の末尾で、二十七歳で暗殺された源実朝の歌集『金槐集』の最後の一首「山は裂け海はあせなむ世なりとも君にふた心わがあらめやも」を引用した上で、この歌にも「何かしら永らへるのに不適当な無垢な魂の沈痛な調べが聞かれる」と評したのであるが、そういう調べをペルゴレージの宗教曲に聴きとったとしても、少しもおかしくはないであろう。

しかし、私が最も感銘深く聴いたのは、二枚目のCDに入っている、ヘ短調の「サルヴェ・レジーナ」である。この曲は、ハ短調のものを、アルト独唱用に編曲したものである。解説書によれば「原曲のハ短調版が三つの原典資料で伝わっているのに対し、このヘ短調は何と三十八もの資料によって伝わっている」とのことである。

これは、ヘ短調の方が広く演奏されたということを示しているのではないか。少なくとも私は、ヘ短調の方が断然いいと思っている。それは、ソプラノよりもアルトの方が、ペルゴレージの宗教性に合っているように感じられるからである。この編曲をしたところにもペルゴレージの天才があらわれているともいえるであろう。

ソプラノは、あえていえば、恋愛や喜び、絶望といった人間の感情を歌うのには適しているが、アルトは祈りや悔恨、希望などの宗教的感情を歌うのにふさわしいように感じられる。バッハの「マタイ受難曲」の有名なペテロの否認の痛切なアリアも、アルトが歌うものであったことが思い出される。

さらに、ヘ短調という調が、アルトのラルゴを深々とした味わいのものとしている。ヘ短調といえば、グレン・グールドが好きな調であった。グールドはバッハの「インヴェンションとシンフォニア」を録音するに際し、曲の順番を自分の判断で並べかえているが、全十五曲の最後に置いたのは、他ならぬヘ短調の曲であった。

小林秀雄が愛したト短調の悲しさは、「疾走」するが、グールドのヘ短調の悲しさは「疾走」しない。呻《うめ》いているようであり、祈っているようである。ペルゴレージのヘ短調に聴こえるのも、深々とした祈りである。

アリアにこめられた宗教性

プッチーニ
誰も寝てはならぬ

イタリア・オペラをほとんど聴いたことがない私は、プッチーニといっても「蝶々夫人」が思い浮かぶくらいであった。

プッチーニのことが強く印象づけられたのは、二〇〇六年のトリノ・オリンピックで荒川静香選手の演技のときに流れた「誰も寝てはならぬ」であった。あのときの荒川選手は、たしかにすばらしかった。あの美しさは、この曲と実によく合っていたと思う。

それ以来、この「誰も寝てはならぬ」はとても好きな音楽となった。

そしてオリンピックの翌年、「誰も寝てはならぬ一〇〇%」という面白いCDが出た。

ルチアーノ・パヴァロッティの二十九歳のときのライヴ録音から始まり、プラシド・ドミンゴ、ホセ・カレーラスとつづく。パヴァロッティの若いときの声のすばらしいこと、たしかに圧倒される。

その他、マリオ・ランツァやユッシ・ビョルリンクといった往年の名歌手のものなど、のべ十数人におよぶ歌手たちがこの曲を歌った録音が収められている。

繰り返し聴いて、このアリアについて少し調べていくと、この曲はたんにオペラの有名なアリアという次元を超えた意味を秘めているように感じられて来た。それだから、この曲は深く私の心をとらえていたのかもしれない。

周知の通り、このアリアは、プッチーニの絶筆のオペラ「トゥーランドット」に登場する有名な曲であり、このオペラはプッチーニの死により、ついに未完に終わった。

プッチーニは、「トスカ」「ラ・ボエーム」「西部の娘」などの作品によって、ヴェルディにつぐイタリア・オペラの大作曲家であるが、出身は実は宗教音楽家の家系であった。教会オルガニストの職についたこともあり、「グローリア・ミサ」という宗教音楽を作曲したりしたあと、オペラ作曲家への道を歩んだのであった。

「誰も寝てはならぬ」を、パヴァロッティやカレーラスなどのテノールが声を限りに歌うのをつづけて聴いていると、(声を限りに歌うと、ついに歌詞の内容などを突き抜けたところにある意味にまで達してしまうように思われる)、「トゥーランドット」のあらすじやこのアリアの歌詞の如何に関係なく、そこに深い宗教性が立ち昇って来るのを強く感じるのである。

それをはっきりと意識したのは、十二番目のトラック(日本盤ボーナス・トラック)に入っている、アレサ・フランクリンのものによってであった。アレサ・フランクリンは、「ソウルの女王」と称されるシンガーだが、はじめは「ゴスペル・シンガー」としてデビューした。

そのゴスペルのような歌い方を聴いていると、この「誰も寝てはならぬ」という言葉は、かのゲッセマネの夜に響いたものに通じているように感じられて来るのである。その夜、イエスは弟子たちに「我と共に目を覚しをれ」と命じたのであった。

ここにイエス彼らと共にゲッセマネといふ処にいたりて、弟子たちに言ひ給ふ『わが彼処《かしこ》にゆきて祈る間、なんぢら此処《ここ》に坐せよ』かくてペテロとゼベダイの子二人とを伴ひゆき、憂ひ悲しみ出でて言ひ給ふ、『わが心いたく憂ひて死ぬばかりなり。汝ら此処に止まりて、我と共に目を覚しをれ』少し進みゆきて、平伏し祈りて言ひ給ふ『わが父よ、もし得べくば此の酒杯を我より過ぎ去らせ給へ。されど我が意の儘《まま》にとにはあらず、御意のままに為し給へ』弟子たちの許《もと》にきたり、その眠れるを見てペテロに言ひ給ふ『なんぢら斯《か》く一時《ひととき》も我と共に目を覚し居ること能はぬか。誘惑に陥らぬやう、目を覚しかつ祈れ。実《げ》に心は熱すれども肉体よわきなり』。(マタイ伝第二十六章三六―四一節)

ここには、人間の深い覚醒の必要と、しかしそれを維持できない人間の「肉体」の「よわ」さが表現されている。これを受けて、パスカルは、『パンセ』の中で、「イエスは世の終わりまで苦悶されるであろう。そのあいだ、われわれは眠ってはならない。」と書いたのである。

そして、このアリアの最後に繰り返される「勝つ！」（Vinceró!）の高揚はイエスの「我すでに世に勝てり」の雄々しさを連想させるものである。

なんぢら世にありては患難あり、されど雄々しかれ。我すでに世に勝てり。（ヨハネ伝第一六章三三節）

アレサ・フランクリンによって、ゴスペル化された「誰も寝てはならぬ」（「誰も眠ってはならぬ」に訳を変えた方がいいと思う）を聴いていると、「愛と希望」は、神の「愛と希望」に変容し、「勝つ」は、まさに神の勝利の確信と歓喜へと高められている。

しかし、この宗教性は、そもそもこの曲が秘めていたものに違いない。それをアレサ・フランクリンの歌い方は、はっきりと引き出してみせたということであろう。

死期の迫っていたプッチーニは、オペラを作曲していたにもかかわらず、そのアリアを自らの音楽的源泉の深みから汲みだしてきたのである。

無限を孕む音楽

シューベルト　弦楽五重奏曲ハ長調

二〇〇八年三月末に、『フリードリヒ　崇高のアリア』（角川学芸出版刊）と題した本を上梓した。

ドイツ・ロマン派の代表的な風景画家、カスパール・ダーヴィト・フリードリヒについて書いたものといっても、美術評論ではなくて、フリードリヒの異様な傑作「海辺の修道士」という主題を、二十のヴァリエーションで批評してみた文芸批評の書である。

バッハの「ゴールトベルク・ヴァリエーション」のような、アリアと変奏の形式が頭にあった。フリードリヒの場合は、そのアリアは「崇高のアリア」であり、そのアリアを、文学、美術、音楽などさまざまなジャンルの素材を使って、二十の変奏をしたのである。

音楽としては、やはりシューベルトの作品が多かった。最後の歌曲集『白鳥の歌』から「海辺にて」「影法師」、ゲーテのミニョンの詩につけた「君よ知るや南の国」「ただ憧れを知る者のみが」などである。この『フリードリヒ　崇高のアリア』は、それまでに書いた文芸批評の文章の中からも引用したりしたが、シューベルトについては、三十六歳のときに自費出版した『シュウベルト』（当時は、小林秀雄がモーツァルトのことをモオツァルトと表記したのにならって、また、齋藤磯雄が『リラダン』の序章につけたエピグラフに「シュウベルト」と誌していたことからシュウベルトと私は書いていた）の中からも、「さすらい人の夜の歌Ⅰ」「さすらい人の夜の歌Ⅱ」についての感慨を引き合いに出したりした。その頃、私はまさに「シュウベルト」に没入していたのである。

フリードリヒの「海辺の修道士」という絵は、崇高な感情を深く見る者に起こさせるが、また、これほど無限というものに思いを誘うものもない。そういう風な思いでこの絵を見ているときに、自ずから聴こえてくるのは（フリードリヒの絵は、本質的に音楽的であり、「アリア」という音楽用語を本のタイトルに使ったのもそれ故である）、シューベルトの無類の傑作「弦楽五重奏曲ハ長調」である。演奏時間が五十分強かかる、この長大な室内楽は、たんに長いというばかりではなく、その内に、無限を孕《はら》んでいるように聴こえる。

この音楽の中に流れている時間は、この世の日常的な刻み方をする時間ではない。何か超越的な世界で流れているかのような時間であり、この曲を聴きだすと、私はもういつまでも聴いていたくなる。その音楽の内部にある時間の中にすっぽり入りこんでしまい、そうしているうちに味わうのは、無限の感覚である。この感覚は、フリードリヒの風景画を見て感じるものと通じているのである。

遠くからの呼び声

ウェーバー　魔弾の射手

二〇〇八年四月二〇日、新国立劇場にウェーバーの「魔弾の射手」を聴きに行った。この有名なオペラを観るのは、初めてであった。序曲はとても好きで、時折CDで聴く（カルロス・クライバー指揮ドレスデン・シュターツカペレ）。

ドイツ・ロマン派の代表的な風景画家、カスパール・ダーヴィト・フリードリヒについて一冊の本を上梓したが、ウェーバーはいうまでもなくドイツ・ロマン派の作曲家である。しばらくフリードリヒの絵にのめりこんでいたので、耳もドイツ・ロマン派の響きの中に差しいれたかったのである。

冒頭のホルンの四重奏からしてすでに、私はドイツ・ロマン派の音の森に入ったような気持ちになる。極端にいえば、私はこのホルンの響きだけで充分なのである。これだけでも、私にとってウェーバーの「魔弾の射手」は、有難い作品である。

私は、音楽を聴きながら、あるいはその音の流れの上に漂いながら、いろいろ考えるのが好きなので、その思索の動力を与えてくれるのを音楽に期待しているのである。もちろん、例えばブルックナーの交響曲のように、ただひたすら没入してしまう音楽もよく聴くが、思考にはじめの一撃を加える働きを持った楽曲は、文芸批評家にとってはとても大切なものである。

ウェーバーの「魔弾の射手」序曲のホルンの響きは、その典型的なもので、その日、そのホルンで思索にきっかけを与えられた私は、その後の音楽と舞台は適当に観たり、聴いたりしながら、勝手なことを思い描いて過ごした。

人によって好きな楽器が違うことと思うが、私にはホルンの音が心の奥に滲みこんでくるように感じられる。ホルンの響きには、何か遠くからの呼び声の趣きがある。

シューベルトの交響曲「ザ・グレイト」は「特愛」の曲だが、これも第一楽章の冒頭、二本のホルンが奏でる主題がまず心を遠くへ運び去ってしまう。シューベルトにせよ、ウェーバーにせよ、ドイツ・ロマン派とは遠方への憧れであり、また遠方からの響きを聴くことであるから、ホルンの響きは、そういう感覚を表現するのに最もふさわしいものに違いない。

私はクラリネットも好きである（モーツァルトのクラリネット協奏曲）。また、ファゴットも好きである（同じくモーツァルトのファゴット協奏曲）。オーボエもいい（ヘンデルの合奏協奏曲）。しかし、フルートはどうも駄目である。モーツァルトの作品は、大体好きだが、フルート協奏曲やフルート四重奏曲とかは、あまり聴かない。ホルンが憧れを奏し、クラリネットが祈りを歌い、ファゴットが青春の鬱屈を呟き、オーボエが英雄の沈痛を嘆くのに対して、フルートはどうも現世的である。美しいが深みがない。ウェーバーの「魔弾の射手」の舞台は森だが、ホルンの響きほど森にふさわしいものはない。

この森ということになると、私にはやはりフリードリヒの絵に描かれた森が思い浮かんでくる。一八一九年に描かれた作品「月を眺める二人の男」である。「魔弾の射手」の初演が、一八二一年であるからほぼ同時期の作品である。

二〇〇五年の秋に、上野の国立西洋美術館にドレスデン国立美術館がやってきたとき、フリードリヒの絵が二枚あった。その中の一枚が、この「月を眺める二人の男」という有名な絵であった。

森の中の少し開けたところに、二人の男が立って、画面中央に描かれた細い下弦の三日月を眺めている。この月は、二人の男よりも下の方にあって、普通月を眺めるというと月は上方にあるものだが、この下方の月を眺めている意外さは、フリードリヒの絵の特徴の一つである。こういう意外さによって、世界の風景に、形而上の趣きを与えている。深い静寂を湛えた画で、会場の混雑など忘れさせ、深い瞑想に誘うようであった。そのとき、私はホルンの響きを聴いたように思ったのを覚えている。

「魔弾の射手」の第二幕、「狼谷」のシーンで、カスパールと主人公マックスが、魔弾を作るところは、音楽も不気味に鳴るが、月食の夜の中である。その舞台を見ながら、フリードリヒの絵の下弦の三日月が自ずから連想されたことであった。ドイツ・ロマン派は、森を愛好したが、それも夜の森なのである。

「魔弾の射手」の序曲で、ホルンが鳴りだすと、瞬間的に耳を欹《そばだ》てる。もっと高いところにあるもの、もっと遠方で響いているものをしっかりと聴きとろうとするかのように、耳が緊張する。

手を伸ばすように、いわば、耳を伸ばす。こういう耳の伸ばし方こそ、真に音楽を聴く作法に他ならない。

大いなる悲しみ

グレツキ　悲歌のシンフォニー

ＮＨＫテレビの「名曲アルバム」が好きでよく観るが、大体とりあげられる曲はすでに知っているものが多いので、その音楽を聴きながら、画面上の美しい風景や建物を眺めるのが楽しいのである。

しかし、或るとき、初めて聴く曲が流れてきた。今思えば、それがグレツキの「悲歌のシンフォニー」の第二楽章であった。

実に不思議な音楽で、深い印象をのこした。「名曲」というようなものではなかった。深い深い悲しみが滲みこんでいて、痛々しさのあまり耳をふさぎたくなった。映像には、たしか第二次世界大戦末期にゲシュタポの独房に閉じ込められた少女が壁に書いた言葉が詩になっているとのテロップが入り、その独房らしきものが映しだされていたように覚えている。

普通の「名曲鑑賞」的な「名曲アルバム」とは全く違って、そこには歴史の真実の悲しみと厳しさがあらわれていた。その後、この「悲歌のシンフォニー」がとりあげられた「名曲アルバム」を見たことがない。もしかすると、「名曲アルバム」のコンセプトからすると余りに深刻な音楽なので、放映がとりやめになったのかもしれない。

このグレツキの音楽に深く感銘を受けたので、山野楽器に寄るたびに、交響曲の棚を見たが、この交響曲は置いていなかった。何かほっとした。この交響曲は、商品として売られることを最も拒絶しているような音楽のように思われたからである。

売場の人に、グレツキの「悲歌のシンフォニー」はありますか、ときくのもはばかられた。何かこのような売場で、口にすべきではないような気がしたのである。

そうこうしているうちに、この曲の輸入盤(TELARC)の広告を見かけた。Chiristine Brewer のソプラノ、Donald Runnicles 指揮のアトランタ交響楽団のものである。

グレツキは、一九三三年生れのポーランドの作曲家である。グレツキの故郷も長年暮らしたカトヴィーツェもアウシュヴィッツに近い。グレツキは、はじめは「前衛」の作曲家として有名だったが、四十歳代に「more deeply emotional and spirituarl style」に「転向」した。その結果、生まれたのがこの「悲歌のシンフォニー」であった。現代音楽における「前衛」というものの空虚さを見抜いたのであろう。

ＣＤの解説書には、英国のドキュメンタリー番組でグレツキが話したことが載っている。グレツキは、この交響曲第三番が、ホロコーストについての音楽ではないとしているが、その影響を否定してはいないのである。「私は、大いなる悲しみを表現したかった。戦争、共産主義政権下の腐敗した時代、今日のわれわれの生活、飢餓。何という狂気！　この悲しみ、それは私の中で燃えている。私はそれを払いのけることはできない」と語っている。「骨の火」（「エレミヤ記」第二〇章九節）のようなものであろう。

第二楽章で歌われる、というか、叫ばれる言葉は、次のようなものである。

No, Mother, do not weep.

Most chaste Queen of Heaven,
Support me always.
Ave Maria, gratia plena.

第二楽章は Lento e largo: Tranquillissimo cantabillissimo, dolcissimo, legatissimo である。極限状況の悲しみが ssimo という極限の重なりの中で表現されているのである。アドルノが、アウシュヴィッツ以後、詩を書くことは野蛮であるといったが、アウシュヴィッツ以後に音楽を作るとしたら、このグレツキの作品がかろうじて許されるものであろう。

この少女の祈りがソプラノで歌われる、あるいは叫ばれるのを聴いていると、私にはドストエフスキイの『カラマーゾフの兄弟』（米川正夫訳）の一節が思い出されてくる。

イヴァン・カラマーゾフは、弟の修道士アリョーシャに向かって「子供の虐待」の例を挙げて、世界の不条理さを語る。「寒い寒い極寒の時節に」便所の中に閉じこめられた子供をめぐって、イヴァンは「お前にはわかるかい、まだ自分の身に生じていることを完全に理解することの出来ないちっちゃな子供が、暗い寒い便所の中でいたいけな拳《こぶし》を固めながら、痙攣《けいれん》にひきむしられたような胸を叩いたり、悪げのない素直な涙を流しながら、『神ちゃま』に助けを祈ったりするんだよ」という。そして、終末に来るという「調和」をイヴァンは拒否する、「なぜって、そんな調和はね、あの臭い牢屋の中で小さな拳を固め、われとわが胸を叩きながら贖《あがな》われることのない涙を流して、『神ちゃま』と祈った哀れな女の子の、一滴の涙にすら値しないからだ！」

この末尾の怒りは、引用したグレッキの発言にもこもっていたものである。グレッキの音楽は、決して「癒《い》やし」の音楽などではない。人間の根源の悪による「大いなる悲しみ」を聴く者の心の中に「燃え」あがらせるのである。

ふるさとの山への想い

R・シュトラウス
アルプス交響曲

以前、NHK教育テレビ「N響アワー」で、R・シュトラウスの「アルプス交響曲」を聴いた。指揮は、エド・デ・ワールト。

夏らしい企画で、アルプスの美しい映像を交えながらの放送であった。「アルプス交響曲」は、もともと好きな曲だが、こういう風にアルプスの風景を見ながら聴くとさらにいい。小一時間ほどの番組を楽しんで見た。

全曲は、次のような標題に従って進行する。「夜」「日の出」「登り道」「森へ入る」「渓流のほとりを歩く」「滝にて」「幻影」「花咲く草原にて」「高原の牧場にて」「やぶと林を過ぎて道に迷う」「氷河にて」「危険な瞬間」「頂上にて」「空想」「霧立ちのぼる」「陽がかげって」「悲歌」「嵐の前の静かさ」「雷雨、下山」「日没」「終曲」「夜」。

「頂上にて」で、曲はクライマックスをむかえ、トロンボーンの強奏が山頂に立った登山者の高揚感を表現して、すばらしい。数年前の夏、穂高に登り、奥穂高の山頂にようやくたどりついたときの何ともいえない気持ちを思い出す。

テレビの映像で、アルプスの山並みの美しさに感嘆していると、ドイツ・ロマン派の画家フリードリヒの傑作「雲海を見下ろすさすらい人」が二重写しになって眼に見えてくるように感じられた。

フリードリヒについては、二〇〇八年三月に『フリードリヒ　崇高のアリア』と題した本を上梓したが、その中でもこの名画については触れた。この「雲海を見下ろすさすらい人」は、一般的にはそれほど知られていないフリードリヒの作品群の中では、眼に触れる機会が多い絵の一つなのであろう。

というのは、CDのジャケットや本のカバーなどに使われることがよくあるからである。CDでは、例えばシューベルトのピアノ曲「さすらい人幻想曲」が入ったものに用いられていたことがあって、それを見たとき、実にぴったりした絵だな、と思った記憶がある。

交響詩「ツァラトゥストラかく語りき」を作曲したR・シュトラウスが、この「アルプス交響曲」の「登山者」を、ツァラトゥストラという一人の「さすらい人」と考えていたとしても少しもおかしくはない。「さすらい人」でなければ、下山の途中で「悲歌（Elegie）」など歌いはしない。

ニーチェの『ツァラトゥストラ』（吉沢伝三郎訳）の第三部の冒頭の章「さすらい人」には、ツァラトゥストラが、山の「頂上にて」次のように自らに語る場面がある。

わたしは一人のさすらい人であり、一人の登山者である、と彼は自分の心に向かって言った。わたしは平地を愛さない。

ツァラトゥストラが立っている山頂は、アルプスではないが、「頂上にて」の音楽の中には、「わたしは一人のさすらい人」であるという、孤独だが、誇り高い声が響きわたっているように感じられる。

私は、この曲をクナッパーツブッシュ指揮ウィーン・フィルのライヴ

（一九五二年四月二〇日、楽友協会大ホール）録音で愛聴している。そもそもクナッパーツブッシュの演奏は、その巨大性、重量感がすばらしいのが特徴だが、この「アルプス交響曲」の大編成のオーケストラによる演奏には、クナッパーツブッシュの指揮が向いているように思う。アルプスの山々の堂々とした山容、峨峨とした姿がよく浮かび上がっている。

テレビの映像には、アルプスの山岳地方、ガルミッシュにあるR・シュトラウスの山荘が映った。その室内の様子も映しだされた。R・シュトラウスが「アルプス交響曲」を作ったのは、この地に山荘を持ち、朝夕その風光に魅せられたからであることを知っていたが、山荘というから、私はてっきり山小屋のようなものを勝手に想像していた。しかし、映しだされたのは、アルプスを背景にした立派な邸宅であった。

さすがはR・シュトラウスである。山荘も実に洗練されている。このセンスは、彼の音楽の本質につながっているような気がする。

私は、この「アルプス交響曲」を、石川啄木の絶唱「ふるさとの山に向かひて言ふことなし　ふるさとの山はありがたきかな」のようなものだと思っている。ミュンヘン生まれのR・シュトラウスにとって、アルプスは

「ふるさとの山」のようなものであろう。そして、山荘を建てて、「ふるさとの山」の懐に抱かれて生活したことで一層、「ふるさとの山」への想いは深まったに違いない。

曲の終りの方、「日没」、そして「終曲」「夜」の美しさは、「ふるさとの山」への「ありがたきかな」という深々とした感謝の心があふれていて、実にすばらしい。

大いなるものの終わり

モーツァルト
弦楽五重奏曲第二番ハ短調

『モオツァルト』の中で、小林秀雄が「彼に関する自分の一番痛切な経験」として、「乱脈な放浪時代の或る冬の夜」に、大阪の道頓堀でモーツァルトの「交響曲第四〇番ト短調」が頭の中で鳴ったことを挙げているのは、よく知られていることである。

では、私における「彼に関する自分の一番痛切な経験」は何だろうと考えてみると、「弦楽五重奏曲第二番ハ短調」のことが思い出されてくる。

小林が『モオツァルト』の中でとりあげているのは、「弦楽五重奏曲第四番ト短調」の方である。この五重奏曲の第一楽章の有名なアレグロのテーマを、アンリ・ゲオンが tristesse allente と呼んだことを踏まえて、小林がそこから、「モオツァルトのかなしさは疾走する」と書いたのもよく知られていることであろう。

そもそも、この弦楽五重奏曲という形式がモーツァルトの本質に深くつながっているように思われる。弦楽四重奏曲という形式は、ハイドンによって完成されたが、この形式はハイドンの音楽、あるいは精神の秩序、円満を象徴している。しかし、ヴィオラがもう一つ加わるということは、ハイドンの形式の完備整頓に比べると、何かが過剰なのである。

弦楽五重奏曲という形式は、そういう意味でモーツァルトの本質に合っており、ハイドンに弦楽四重奏曲がぴったりだったのと対比的である。事実、モーツァルトの弦楽五重奏曲全六曲はすべて傑作ぞろいなのである。

私が、「弦楽五重奏曲第二番ハ短調」の第一楽章のアレグロを聴いて、何と恐ろしい音楽だろうと強烈な印象を受けたのは、昭和六三年の冬の夜のことであった。カーラジオから、それは流れてきたのであった。

一二月の下旬のことだったと思う。何故、年と月をそこまで覚えているかといえば、昭和の終わりとそれが関係しているからである。

私が『三田文学』に内村鑑三についての批評文を連載したのは、昭和六二年の秋から平成元年の夏までの二年間であった。その間に、昭和が終わったのである。

当時の『三田文学』の編集長だった、詩人で美術評論家の故岡田隆彦氏にはとてもよくして頂いた。連載にあたって氏は、私のような無名の新人に、二年間全八回も場を与えてくれたのであった。

岡田隆彦氏が食道癌で慶應義塾大学病院に入院されたのが、その昭和六三年の、たしか秋のことで、手術は一応成功し、年もおしせまった冬の日に退院することになった。私は退院のお手伝いに病院に行った。廊下で待っていると、パジャマ姿の氏が、病後のせいか、こきざみな足どりで廊下の向こうの遠くの方から歩いてくるのが小さく見えた。私は、ふと胸を突かれるようであった。氏は常日頃、ダンディーで通っていたのである。

氏と私を乗せた、夫人が運転する車で氏の高輪の家まで向かう頃には、もう夜もずいぶん更けていた。赤坂から溜池へ下りていく長い坂の途中で、カーラジオから、このモーツァルトの「弦楽五重奏曲第二番ハ短調」の第一楽章のアレグロが流れてきたのである。

当時、昭和天皇は病床にあり、NHKラジオではクラシック音楽が絶えず流れ、時々、病状を伝える放送があった。そのクラシック音楽も、室内楽のようなものが多かったように記憶している。いずれにせよ、天皇の崩御は、翌年の一月七日であり、何か大いなるものの終焉の予感が、日本をおおっていたときであった。

そんな冬の夜、癌の不安を抱えた岡田氏とともに、東京の街を車で走っているとき、このモーツァルトは流れてきたのである。実は私は、この曲をモーツァルトの曲だとはそのときはまだ知らなかった。何という不気味な、不安をかきたてる音楽だろうと思った。誰の曲だろうと考えたが、モーツァルトとは思いつかなかった。そのくらい、この弦楽五重奏曲のモーツァルトは、モーツァルトの暗い一面を、ト短調のものと同じく、強烈に発散している。これは「疾走する」悲劇というべきであろうか。

この第一楽章を聴きながら、個人の死というものと時代の死というものに思いを致していた。何か大いなる悲劇といったものが身に迫ってくるようであった。昭和天皇の崩御は、たしかに、夏目漱石が明治天皇の死に「明治の精神」の終焉を感じたように、「昭和の精神」という大いなるものの終わりを象徴していた。

岡田氏も数年後に癌が咽頭に転移し、亡くなったのは平成九年で、享年五十七の早すぎる死であった。

底の知れない穴

ベートーヴェン
ヴァイオリン・ソナタ第七番ハ短調

小林秀雄の『モオツァルト』の中に、ベートーヴェンのヴァイオリン・ソナタ第九番「クロイツェル・ソナタ」について次のような記述がある。

> トルストイは、ベエトオヴェンのクロイチェ《ママ》ル・ソナタのプレストをきゝ、ゲエテは、ハ短調シンフォニイの第一楽章をきゝ、それぞれ異常な昂奮を経験したと言ふ。トルストイは、やがて「クロイチェル・ソナタ」を書いて、この奇怪な音楽家に徹底的な復讐を行つたが、ゲエテは、ベエトオヴェンに関して、たうとう頑固な沈黙を守り通した。有名になつて逸話なみに扱はれるのは、ちと気味の悪すぎる

話である。底の知れない穴が、ポッカリと口を開けてゐて、そこから天才の独断と創造力とが覗いてゐる。

トルストイの有名な小説『クロイツェル・ソナタ』は、音楽の曲名がタイトルに使われているからといって、何かロマンチックな内容を想像してはいけない。この小説は、トルストイ六十三歳のときに発表された問題作であり、男性ヴァイオリニストとの合奏に陶酔する妻を嫉妬から殺した男の告白から成る小説である。ベートーヴェンの「クロイツェル・ソナタ」の第一楽章を聴いて、「異常な昂奮を経験」し、このような小説を執筆したトルストイという文豪もまた、「奇怪な」文学者に他なるまい。

私も昔、「クロイツェル・ソナタ」をよく聴いたし、好きであったが、トルストイのこの小説を読んでからは、もう駄目であった。「クロイツェル・ソナタ」をトルストイの文章を思い出すことなくして、聴くことができなくなってしまった。圧倒的な作品というものは、そういう作用をもたらすのであろう。

例えば、モーツァルトの「交響曲第四〇番ト短調」は、もはや小林秀雄の道頓堀での経験を思い出さずに聴くことは不可能なのである。

ベートーヴェンのヴァイオリン・ソナタ全十曲の中では、その「クロイツェル・ソナタ」よりも私は、第七番ハ短調に「異常な昂奮」を覚える。第一楽章アレグロ・コン・ブリオは、何か「疾走する」英雄的なるもの、とでも呼びたくなる音楽である。

ベートーヴェンのヴァイオリン・ソナタ全曲については、アランに『音楽家訪問』（杉本秀太郎訳、岩波文庫）という興味深い本がある。その中でアランは、全十曲について語っているが、この第七番の第二楽章アダージョ・カンタービレを「偉大なアダージョ」といっている。このアダージョこそ、ホメロスの『イーリアス』と同様に、もやは二度とめぐりくることもない霊感の時代に対応しているという。全十曲のソナタが提供しているすべてを凌ぐほどの旋律の豊かさがあるのだとまで絶讃している。第一楽章に感じられる、英雄的なるものとは、まさに『イーリアス』に描かれる古代ギリシアの英雄たちの精神に通ずるかもしれない。

私は、このソナタを、アドルフ・ブッシュのヴァイオリンとルドルフ・ゼルキンのピアノによる演奏で愛聴している。昭和初年の録音であるが、音の悪さを超えて、すばらしい演奏である。ブッシュは、シゲティと並んで「特愛」のヴァイオリニストである。

『銭形平次』で有名な作家の野村胡堂は、「あらえびす」の名でクラシックのレコードについての著作をのこした人だが、その「あらえびす」の『名曲決定盤』の中でも、ブッシュは大変高い評価を受けている。

ブッシュの潔癖は、シゲティーに輪をかけたものだ。ブッシュはサラサーテは愚か、パガニーニさえもひかない。ウィニアウスキーも、クライスラーの小曲さえも顧みようともしない。そのレパートリーは、バッハに非《あら》ずんばベートーヴェンだ。シューベルトに非ずんばブラームスだ。この一事だけを以てしても、華やかなヴァーチュオーソたちの多い世の中に、ブッシュの存在は、まことに溜飲の下るような気がしてならないのである。

そして、ブッシュとともにピアニストのゼルキンについても（この頃ゼルキンはまだ二十代後半であった）、「ブッシュの伴奏者として、非凡の天分と才能を示している。その清澄無比な音色と、豊かな情緒と、水もたまらぬ鮮やかな技巧は、歌の伴奏者ボスと共に、当代の至宝のうちに数えられるべきであると思う」と後の大成を見事に予見した評価を下している。

「良い哉《かな》ブッシュ」というほどに、「あらえびす」はブッシュを敬愛し、「技巧の末に神経を使う輩《やから》は、まさに愧死《きし》してもいいくらいだ」といい放っている。私もまた、「良い哉ブッシュ」「良い哉ゼルキン」と称讃したいと思う。

北方の詩情

ラフマニノフ　交響曲第二番ホ短調

東京のサントリーホールで、パーヴォ・ヤルヴィ指揮シンシナティ交響楽団の演奏会を聴いたことがある。

曲目は、バーンスタインの「ディヴェルティメント」、ガーシュウィンの「ラプソディ・イン・ブルー」（ピアノは、クリスティアン・ツィメルマン）、そして後半はラフマニノフの「交響曲第二番ホ短調」であった。

このプログラムは、考えようによってはずいぶんと凝ったものである。というのは、数年前に公開されたロシア映画「ラフマニノフ　ある愛の調べ」の中で、ロシア革命によってアメリカに亡命したラフマニノフを精神的にも感覚的にも苦しめたのがアメリカ文明であるように描かれていたからである。

アメリカ文明、なかんずく音楽が、ラフマニノフの神経を悩ませたのであり、ガーシュウィンの「ラプソディ・イン・ブルー」のような音楽、さらにはバーンスタインの曲などにはラフマニノフは耐えられなかったに違いない。

そんなことを考えながら、前半の二曲を聴いていた。そして、後半のラフマニノフの第二番が始まると、映画で見た「帝政ロシア」時代のロシアの美しい田園風景が思い出された。

アメリカ音楽との何という違いであろう。まさにラフマニノフの音楽は、地上から消え去った「帝政ロシア」の美しさと哀しさの象徴的表現に他ならない。

「帝政ロシア」時代のロマンティックな感情と憂愁を代表する文学者は、ツルゲーネフであろう。ツルゲーネフの『猟人日記』の中の一篇が、二葉亭四迷によって「あひゞき」として翻訳されたのが明治二一年。これが明治の言文一致運動の始まりを画したことは周知の通りであるが、この夜、交響曲第二番の有名な第三楽章アダージョをパーヴォ・ヤルヴィの指揮で聴いているとき、ふと石川啄木の短歌が思い出された。

みぞれ降る石狩の野の汽車に読みしツルゲエネフの物語かな

啄木は、このときまさに北海道を流浪していた。函館、札幌、小樽、釧路といった具合である。この短歌には、冬の北国を汽車で旅している人間の哀愁とロマンティックな感情の混ざり合った気持ちが絶妙に歌われている。そのためには、「ツルゲエネフの物語」でなければならなかった。トルストイでもドストエフスキーでも、チェーホフでもない。やはり、ツルゲーネフこそふさわしい。

この交響曲をラフマニノフが完成させたのは一九〇七年、長期滞在していたドイツのドレスデンにおいてであった。ロシア革命が十年後に起きる当時の「帝政ロシア」は、政情不安であり、ラフマニノフは外国で作曲に集中しようとしていたのであった。

まさに、「帝政ロシア」はすでに、「みぞれ降る石狩の野」のようであった。第一楽章や第二楽章、あるいは第四楽章などに聴こえる不安と激情は、来たるべきロシア革命を予感した芸術家の、本能からの表現かもしれない。

そして、第三楽章アダージョは「汽車に読みしツルゲエネフの物語」のように悲しく美しい。ツルゲーネフの小説に出てくるロシア貴族の美しい令嬢の幻像が、眼に浮かんでは、またはかなく消えていくようでもある。

二葉亭四迷の「あひゞき」で文学的開眼をした国木田独歩は、二十四歳のとき、北海道に行き、空知川のほとりを訪ねた。空知川については、啄木も詠んでいる。

空知川雪に埋れて鳥も見えず岸辺の林に人ひとりゐき

独歩は七年後に、「空知川の岸辺」という名篇を書いた。その中で、「露国の詩人」としてツルゲーネフのことを出している。北海道の原生林の中で、独歩は次のような思索にふける。

社会が何処《どこ》にある、人間の誇り顔に伝唱する『歴史』が何処にある。この場所に於て、人はただ『生存』そのものの、自然の一呼吸の中に託されてをることを感ずるばかりである。露国の詩人はかつて深林の中に坐して、死の影の我に迫まるを覚えたと言つたが、実にさうである。また曰く『人類の最後の一人がこの地球上より消滅する時、木の葉の一片もそのためにそよがざるなり』と。

これは、独歩の「ツルゲエネフの物語かな」であろう。ラフマニノフの交響曲第二番に聴こえる北方の詩情と眼に浮かんでくる風景は、明治の北海道における我が日本の二人の詩人、啄木と独歩の絶唱に、自ずから思いを誘ったのであった。

国のさゝやき

エルガー　交響曲第一番変イ長調

大方のクラシック音楽の愛好家と同じく、私にとってもクラシック音楽とは主としてドイツ音楽のことであった。その次には、フランス音楽、そして、イタリアのオペラ、あるいはスペインの音楽といったところを聴くのが習いであった。

英国の作曲家の作品は、あまり知りもしなかったし、聴くことはほとんどなかった。

それが、二〇〇三年の秋から翌年の春にかけて英国の中世の古都カンタベリーに滞在したことから、英国の作曲家の作品にも興味を抱くようになった。ホルストの「惑星」は以前から好きであったが、ディーリアス、ヴォーン・ウィリアムズ、エルガーなどの音楽を聴くことが多くなり、当初、ディーリアスが一番気に入った。ビーチャムが指揮したディーリアス作品集は、愛聴盤の一枚となった。

「威風堂々」のエルガーの作品も、「エニグマ変奏曲」はとても親しみやすい曲で、音楽の中にそこはかとなく英国の香りがする。これを聴いていると、滞英中に見た英国の田園風景がふと、瞼の裏に浮かんでくることがある。「チェロ協奏曲」もいい曲である。

スウェーデン・バルト系の移民の家系のホルストやドイツ系移民の子であるディーリアスなどと比べると、エルガーは最も「英国的なるもの」を体現しているように思われる。やはり「大英帝国」の音楽といっていいのであろう。有名な「威風堂々」第一番のことだけをいっているのでなく、他の作品にも「大英帝国」の響きが聴こえるのである。

例えば、「交響曲第一番」の第一楽章アンダンテ・ノビルメンテ・エ・センプリーチェ（高貴に、かつ素朴に、アンダンテで）の開始の行進曲風の音楽は、紛れもなく「英国風」である。ドイツ音楽にも、フランス音楽にもこういう雰囲気をかもし出すものはない。

このエルガーが特に愛好した発想記号「ノビルメンテ nobilmente」こ

そ、「大英帝国」のものであろう。これは「高貴に」とか「気品を持って」とかの日本語に訳すと、本質が失われてしまうものではないか。

この「nobilmente」の響きは、やはり「noblesse oblige」（ノブレス・オブリージュ）の精神が生きている国のものである。明治の批評家、斎藤緑南は「音楽は即ち国のさゝやき也」といった。エルガーの「ノビルメンテ」は、まさに「大英帝国」の「国のさゝやき」であるといえるであろう。

二〇〇五年に上梓した『信時潔』の中で、信時の「海ゆかば」とエルガーの「威風堂々第一番」を比較したことがある。後者は、英国の第二の国歌と言われるが、前者も戦時中は、第二の国歌扱いであった。この二曲を聴きくらべれば、「大英帝国」と「大日本帝国」がいかなるものであったかが、彷彿としてくるであろう。

空を仰いで

ホルスト　組曲「惑星」

二〇〇六年の八月の暑いさ中に、チェコのプラハで開かれた国際天文学連合の総会における、惑星の定義をめぐっての議論が、世上を騒がせたことがあった。

そこで決定された惑星の定義によると、冥王星が惑星から除外されて、太陽系の惑星は八個になるという。そもそも、冥王星は、一九三〇年に発見されたものであり、七十六年間で惑星から降格されたことになる。

太陽系の図を、新聞紙上で見たり、冥王星が小さく映った夜空の光景をテレビ画面で見たりして、久しぶりに太陽系のこと、あるいは宇宙の不思議などに思いをはせた。石川啄木の次のような短歌が、久しぶりに思い出された。

　この四五年空を仰ぐといふことが一度もなかりき。かうもなるもの
か？

何だか、ホルストの組曲「惑星」が無性に聴きたくなった。もともと、この曲は私の好きな曲の一つである。

　エードリアン・ボールト指揮ロンドン・フィルハーモニー管弦楽団の演奏（一九七八年の五回目の録音のもの）で聴く。ボールトは、周知の通り、一九一八年に、この曲を初演している。こういう歴史的由縁を私は、とても重んじる方である。

　この組曲は、一九一四年から一六年にかけて作曲された。すなわち第一次世界大戦の「戦時中」である。全曲は、火星、金星、水星、木星、土星、天王星、海王星と、地球を除く七つの惑星から成り立っている。第一曲の火星、「戦争をもたらす者」と副題されたものを作曲したのは、第一次世界大戦直前のことで、来たるべき大戦を予見していたかのような音楽といわれることがあるが、私もまさにそのような緊張感をひしひしと感じ

る。そして、今日、「耳ある者」には、似た響きが聞こえるであろう。

曲は海王星で神秘的な雰囲気で閉じられる。それで完璧に曲は終わる。ホルストが作曲したのは、冥王星が発見される以前だから当然である。

丁度その頃、サイモン・ラトル指揮ベルリン・フィルハーモニー管弦楽団の「惑星」の新譜の広告を見て驚いた。「冥王星つき」と書いてある。何とかいう現役の作曲家が、ホルストの知らなかった冥王星に曲をつけたという。それを話題にして売る魂胆に違いない。

奇しくも、CD発売日の翌日の決定で冥王星は惑星から除外された。芸術の世界にもはびこっている商売人の下劣な根性を、宇宙の神が怒って罰したかの如くであった。

純潔な風光

ヴァーグナー　タンホイザー

何年か前、神奈川県民ホールに、チェコ国立ブルノ歌劇場によるヴァーグナーの「タンホイザー」を聴きに行ったことがある。

奇をてらわない演出であった。タンホイザーが、背広とネクタイなんかで出てこられては嫌だな、とかねてから思っているので、今回の公演は安心して「音楽」を聴くことができた。今日流行の「新演出」をやられると気が散って「音楽」を集中して聴くことができないから困るのである。

小林秀雄は『モオツァルト』の中で、当時はまだ「わが国では、モオツァルトの歌劇の上演に接する機会がない」状況について「僕は別段不服にも思はない」と書いた。それは何故かといふと、「上演されても眼をつぶつて聞くだらうから。僕は、それで間違ひないと思つてゐる」と小林らしい断定をしている。

小林のこの主張は、近来の過剰に新奇さ（珍奇さ？）をねらった「大胆な演出」による公演については充分納得できるような気がする。

そういう意味で、今回のブルノというチェコの地方都市の歌劇場による「タンホイザー」は、「眼をつぶつて聞く」必要のない演出であったので、歌手やオーケストラが超一流でないにしても、私は「別段に不服にも思はな」かったのである。

休憩時間に、外を見ると雨が降りだしていた。山下公園の向こうに、雨に煙る海が広がっている。

鈍い光を放つ水面を眺めていると、ふとスイスのルツェルン湖のことが思い出された。四年前の冬の一月、スイスの主要都市を旅してまわったとき、ルツェルンにも立ち寄った。ルツェルン郊外のトリープシェンに行きたかったからである。

トリープシェンは、ヴァーグナーとコジマが住んだ館があるところで、ニーチェなども訪ねた、いわば音楽上のトポスである。

冬は閉館中とのことで、遊覧船に乗って湖上からヴァーグナーの旧居を眺めることにした。湖に突きでた小さな岬の先端に、四角い一軒家がポツンと建っている。何か、この世離れした風情である。背景にはアルプスの白い山並みがそびえている。ヴァーグナーには対岸にある美しいリギ山が眺められたことだろう。

このあまりに「純潔な」風光とその中に建つ館を見たとき、私はヴァーグナーの音楽の源泉が流れてくるのを感じた。「純潔の使徒としてのヴァーグナー」といったのは、他ならぬ『ニーチェ対ヴァーグナー』のニーチェである。寒い甲板の上に立って、館が遠ざかっていくのを眺めていると き、私の頭の中で鳴っていたのは、「パルジファル」の前奏曲であった。

最も純粋な音

ブラームス　弦楽四重奏曲第二番イ短調

内村鑑三が、信州の或る温泉宿の若主人に「成功の秘訣」と題した十カ条を書いて与えたのは、一九二二年（大正一一）、今からもう九十年以上も昔のことになる。「自己に頼るべし、他人に頼るべからず。」から始まり、「成功本位の米国主義に倣ふべからず、誠実本位の日本主義に則るべし。」とつづき、「人生の目的は金銭を得るに非ず、品性を完成するにあり。」と結ばれている。

『国家の品格』なる本が大変なベストセラーになったことがあるが、品格というほとんど死語と化していた言葉を多くの日本人に思い出させた功績は大きい。「品性」「品格」といった価値が少しは見直されるに違いない。

翻って、音楽における品格といったことを考えるとき、まず頭に浮かぶのはブラームスである。ブラームスの音楽は、品格という点では第一等であろう。中でもその室内楽は、「品性」が「完成」しているように感じられる。そもそも、クラシック音楽の生命線は品格なのである。

小林秀雄が、昭和三五、六年頃、NHKラジオの教育放送の企画、「音楽炉辺談話シリーズ」に出演したときのテープを聞いたことがある。その中で、小林は主としてブラームスについて語っていたが、「私は、もう音は一杯要らないんです」ととても印象的な発言をしていた。そして、しばらくいろいろ語った後に、ブラームスの「弦楽四重奏曲第二番イ短調」の第一楽章が鳴りだした。

たしかに、これは「音」など「一杯」ない音楽である。それでいて、充分に「音楽」が鳴っている。小林がそのとき使っていた言い方でいえば、「最も純粋」な「音」だけで、よけいな「音」などなく、「純粋」な「音楽」ができあがっている。

この「弦楽四重奏曲第二番」や「同一番」などは、ブラームスの品格ある室内楽の中でも、特に品格の高いものである。私はこの名曲を、古い録音だがブッシュ四重奏団の演奏で聴くのを常とする。ブッシュの演奏は、品格の点で最高だからである。録音の古さは別に気にならないどころか、かえって品格を高めている。品格においては、「音は一杯いらない」のである。

ブラームスは、オペラを一曲も書いていない。オペラ（特に最近の新演出のもの）は、品格の点では上質ではない。一国の総理がオペラ好きだといっても、少しも品格を保障しない。「一杯」の「音」に快感を覚えているだけかもしれないからである。聴覚の品格を磨きあげたい者は、何よりもまずブラームスの室内楽に耳を澄ますべきであろう。

雪景色に聴く音

ブラームス　バラード第一番ニ短調

　ある年の一一月下旬、盛岡に所用があって、午後に新幹線で東京を発った。

　私は仙台に生まれ、三歳までいたけれども、その後東京に転居したのでその土地の記憶はほとんどない。しかし、大学を出てから会社勤めをすることとなり、最初の任地が郡山でそこに半年ほど暮らした。それから仙台に移って、三年弱生活したので、仙台までの往復は何回もした。だから、東北地方でも仙台までの風景は見慣れているのだが、仙台から先というのはほんの数度しか行ったことがない。

　同じ東北でも、仙台までと仙台から先とではずいぶん違うようである。

特にその日は、数日前に大雪が降った後であったので、車窓から眺める山々や田畑には雪がかなり積もっていて、雲は低くたれこめ、白い風景が広がっていた。時々あらわれてくる街の屋根や道路にも雪が積もり、寒々としていた。

仙台を出てから、しばらくそういう単調な雪景色を何思うともなく眺めていると、日が早くも暮れはじめ、私の頭の中にはブラームスの「バラード第一番」が鳴りだしていた。

「バラード」全四曲は、ブラームス二十一歳のときの作品だが、昔グールドの演奏で愛聴したものであった。北ドイツ、ハンブルク生まれのブラームスには、やはり北方の寒い風景がよく似合う。

「第一番」は、ブラームス自身によって「ヘルダーの『諸民族の声』の中のスコットランドのバラード『エドワード』による」と記されている。スコットランド（やはり北方の地である）に古くから伝わるバラードであり、ドイツ・ロマン派の詩人ヘルダーの詩集『諸民族の声』に収められた。

ブラームスは、それでこのバラードを知ったのだが、このピアノ曲の他に、一八七七年、四十四歳になって、コントラルトとテノールのための二重唱曲を作曲している。このバラードに何か心惹かれるものがあったのであろう。

このスコットランドのバラードは、エドワードという息子とその母親との対話体になっていて、母親に問いつめられて、息子が父親を殺したことをついに告白するという劇的なものである。

グールドの演奏を思い出していると、車窓から眺める北東北の風景の中にも、このような『諸民族の声』がさまざまに聴こえてくるような気がする。花巻から東に入った遠野地方には、柳田國男の『遠野物語』に収められた、いわば『諸民族の声』の日本版のようなものが沢山ひそんでいたのである。

そういえば、グールドがこの「バラード」四曲を録音したのは、五十歳で死ぬ年であった。その寒々とした演奏は、北東北の雪景色の中で思い出されるのにふさわしかったのであろう。

ヴェネツィアの魂

A・マルチェッロ　オーボエ協奏曲ニ短調

数年前、半年間イタリアのヴェネツィアに滞在することが決まったとき、ヴィヴァルディやアルビノーニ、A・マルチェッロといったヴェネツィアゆかりの作曲家の音楽をよく聴いた。

私が愛聴していたCDは「イタリア・バロック・オーボエ協奏曲集」と題されたもので、ハンスイェルク・シェレンベルガーのオーボエ、イタリア合奏団の演奏である。

収録されているのは、A・マルチェッロの「ニ短調」、ヴィヴァルディの「ヘ長調RV四五五」、アルビノーニの「ニ長調作品七の六」、同じくアルビノーニの「ト短調作品九の八」、ヴィヴァルディの「ニ長調RV

四五三」、そして、G・サンマルティーニの「変ホ長調」の六曲である。

このCDの原題は、「六つのオーボエ協奏曲」となっているが、作曲家の名前が出ていない。日本版のタイトルも、前述したように、「イタリア・バロック・オーボエ協奏曲集」となっており、作曲家名を特別に記していない。

このことは、ヴェネツィアでヴィヴァルディと同時代に活躍した音楽家（サンマルティーニは、ミラノ出身だが）の特徴を、期せずして、あらわしているように思われる。「六つのオーボエ協奏曲」に鳴っているのは、或る一人の作曲家の個性というよりも、十八世紀ヴェネツィアの魂とでもいうべきものだからである。

それにしても、このオーボエの響きは、ヴェネツィアという街に何とよく似合っていることだろう。

ヴェネツィアに行くことが決まってから、その歴史をひと通り知っておかなくては、と思い、塩野七生の『海の都の物語――ヴェネツィア共和国の一千年』（全六巻、新潮文庫）を読んだ。それによれば、十八世紀のヴェネツィアは、完全に衰退期に入っており、その世紀を描く第十三話は

「ヴィヴァルディの世紀」と題されている。

「六つのオーボエ協奏曲集」に響きつづけるオーボエの音は、この衰退期のヴェネツィアという都の建物や運河の水に実にふさわしいように感じられる。そして、このCDを聴いていて、どの曲が誰の作曲になるものかということなどほとんど気にならない。鳴っているのは、ヴェネツィアの魂であり、或る個人の主観、感情ではない。ヴェネツィアという歴史が、衰退期に入っていて、その悲しみを優雅に歌っているのである。塩野氏は、第十三話「ヴィヴァルディの世紀」を結んで、次のように書いている。

ヴェネツィア共和国は、その一千年を超える歴史の中で、いく度か、西欧の人々に「神話」を与えた国である。上昇期にあった時代は、自国の独立への執着が、次いで最盛期には、政治と外交の巧みさが神話であった。そして、十八世紀のヴェネツィアは、限りない快楽の都という印象を、同時代の西欧の人々に感じさせたのである。これらの神話は、おそらく、真実に近かったであろう。
だが、ジャコモ・カサノヴァや北からの旅人たちの書き残したものを読んでも、それからは、十八世紀のヴェネツィアの快楽が、迫りくる崩壊を前にしての、苦悶《くもん》に満ちたあせりの噴出というような、自己破壊的な放埒《ほうらつ》は感じられない。それよりも、いつの時代でも必ず少しはある、軽薄さが支配的になったにすぎないという、印象しかない。

栄枯盛衰が歴史の理《ことわり》ならば、せめてはこのヴェネツィアのように、優雅に衰えたいものである。

そして、ヴェネツィアが優雅に衰えられたのは、ヴェネツィアの死が、病気や試練をいく度も克服してきた末に自然死をむかえる人間の、死に似ていたからではないだろうか。

私がヴェネツィアに半年滞在することにしたのは、この「優雅なる衰退」を感じとりたいからに他ならない。恐らく日本は、長期的には、否応なく衰退していくであろう。その衰退期に、「苦悶に満ちたあせりの噴出というような、自己破壊的な放埒さ」が現出することだけは避けなければなるまい。それは、これまでの日本の歴史の「優雅」さに対する裏切りである。

ヘンデルの「水上の音楽」では、ホルンがテムズ河の川面に響き渡る。衰退期のヴェネツィアに代わって、隆盛期に入ろうとしている英国のロンドンのテムズ河には、英雄的精神の音楽家、ヘンデルの勇壮なホルンがふさわしい。

それに比べて、ヴェネツィアのたゆたう運河の水面に、溶けていくかの如くに歌うオーボエの悲しみ（その第二楽章の哀愁に満ちたカンティレーナで有名なA・マルチェッロの「オーボエ協奏曲」が出版されたのは、ヘンデルの「水上の音楽」が初演されたのと同年、一七一七年である）は、過去の栄光への挽歌のように聴こえる。

衰退期のヴェネツィアは、それにふさわしい、すばらしい音楽を生んだ。果たして、日本はこれから何を創造できるであろうか。

歴史の暮方にて

G・サンマルティーニ
オーボエ協奏曲変ホ長調

前章でとりあげたCD「イタリア・バロック・オーボエ協奏曲集」には、A・マッチェッロ、ヴィヴァルディ、アルビノーニ、G・サンマルティーニの曲が収められているが、その中で、私は恥ずかしいことだが、G・サンマルティーニという作曲家を知らなかった。

たしかに、マルチェッロの曲の第二楽章アダージョは美しい。年末に窓外の紅葉を眺めながら、この曲を聴いていたことがあった。そのとき、これで今年も暮れるか、我々は今や「歴史の暮方」にいるのだという哀愁に沈んでいくようであった。

ヴィヴァルディのヘ長調の曲の第二楽章グラーヴェも深い音楽である。

バッハが編曲しなかったのが不思議なほどに思われる曲である。

周知の通り、バッハは、ヴィヴァルディの音楽を全部で十曲、オルガンやチェンバロの曲に編曲している。それらはみなヴァイオリンのための曲であるから、オーボエのための曲はとりあげなかったのかもしれない。それと、このへ長調のオーボエ協奏曲は、手稿としてのこされている曲なので、眼に触れる機会がなかったのであろう。しかし、もし聴く機会があったとしたら、これも他の編曲した曲と同じように、バッハの魂を震わせたに違いない。

アルビノーニという作曲家については、サンマルティーニと違って、名前は知っていた。しかし、実質的には何も知らないといってよかった。その作品についても、このCDで初めて聴いたようなものであった。ニ長調作品七の六とト短調作品九の八の二曲が収められている。

この二曲を聴いて、アルビノーニという作曲家が大変気に入った。ヴェネツィアに生まれ、ヴェネツィアに死んだこの音楽家は、ヴェネツィアの「優雅なる衰退」を最もよく具現しているように感じられる。収められた二曲の、第二楽章のアダージョは、ともにこれぞヴェネツィアの魂の音だといいたいほどである。

アルビノーニの曲をもっと聴きたくなって、「アルビノーニ：オーボエ協奏曲全集」のCD二枚組も入手した。そのCDの解説書には、「精神の貴族主義者」という呼び名こそアルビノーニにふさわしいということが書かれていて、その通りだと思った。

しかし、このCDにおける私の最大の発見は、G・サンマルティーニだった。サンマルティーニの曲は、マルチェッロ、ヴィヴァルディ、アルビノーニの曲が、急―緩―急の三楽章となっているのに対し、第一楽章ラルゴ、第二楽章アレグロ、第三楽章アンダンテ、第四楽章アレグロとなっているが、特に冒頭のラルゴがすばらしい。

それが鳴りだしたとき、十八世紀前半の世界の音とは、これに違いないと思った。やがてフランス革命が起こり、近代が開拓される直前の世界には、こういう響きが鳴っていたのである。明治の批評家、斎藤緑雨は「音楽は即ち国のさゝやき也」といったが、サンマルティーニのオーボエには、十八世紀前半を生きた人間の魂の「さゝやき」が聴こえるように思われる。現代に響くべきは、例えばベートーヴェンの「歓喜の歌」のような近代の叫びではなく、近代以前のこのような「さゝやき」ではあるまいか。

ジュゼッペ・サンマルティーニは、一六九五年にミラノに生まれ、一七五〇年にロンドンで死んだ。弟のジョヴァンニ・サンマルティーニも作曲家で、作曲家としての仕事は弟の方が多い。しかし、いずれにせよ、両人ともほとんど知られていまい。

兄のジュゼッペについては、死亡記事に「彼はヨーロッパで最もすぐれたオーボエ奏者であるといわれていた」とあったことが『ニューグローヴ世界音楽大事典』（講談社刊）に書かれていて、オーボエ奏者としてはすばらしい音楽家であったことが分かる。そのオーボエ協奏曲の美しさは、そういうところから生まれているのであろう。

弟のジョヴァンニについては、同事典にかなり長い記述があるが、末尾のところに「彼は初期古典派の最も先端的で実験的な作曲家で、また交響曲の最初の偉大な巨匠であって、彼の個性はウィーン楽派とマンハイム楽派の興隆によっても失われることはない。サンマルティーニの影響の範囲はまだ十分に検証されてはいないが、音楽の質の高さにおいては彼は、十八世紀を代表する創造的精神の一つである」と書かれている。

弟の方のサンマルティーニの交響曲をこれから聴いてみようと思っている。そこに、音楽のどんな豊かな世界がひそんでいるか、それを発見していくのがとても楽しみである。それにしても、クラシック音楽の世界というものは、実に無限といってもいいほどに豊かで深いものだ。サンマルティーニのような作曲家に、私は、やっと出会ったのである。この他にもまだまだいるに違いない。

今日の世界において、サンマルティーニのオーボエの響きに出会ったのは、何か運命的なものさえ感じる。というのは、現代に回復されるべきは、このような「さゝやき」だからである。

アイノラの森にて

シベリウス　樹の組曲

シベリウスのCDの中で、私が愛聴しているものの一つは、舘野泉のピアノによる「アイノラのシベリウス」である。一九九四年に発売された。

舘野氏は、二十代後半にフィンランドに移り、もう四十年以上かの地に在住しているピアニストである。二〇〇二年一月に演奏会のステージ上で脳溢血で倒れ、右半身不随となったが、二年余の闘病生活を経て、二〇〇四年五月より左手での演奏活動を開始した。この左手だけでのピアノ演奏活動は、新聞、テレビなどで大分とりあげられたから、舘野氏の存在は一般によく知られるようになった。しかし、私はもっと前から、フィンランドの音楽、特にシベリウスの音楽についての深い理解者として舘野氏を尊敬していたし、その演奏をCDで愛聴してきた。

この「アイノラのシベリウス」は、シベリウスが三十九歳のときに、ヘルシンキから北北東三十キロほどの田園の地ヤルヴェンパーに建てられた山荘風の家アイノラで録音されたものである。ピアノは、そこでシベリウスが愛用していたスタインウェイである。

舘野氏はCDの解説書に寄せた文章の中で、「アイノラの雰囲気と温かい楽器の響きを、ごく自然な形でレコードに遺したいと思っていた。シベリウスの語る声が聞こえてくるようにである」と書かれているが、たしかにこのCDを聴いていると、シベリウスの「心の歌」が聴こえてくるような気がする。

私が、北欧四ヵ国を旅したのは、一九九九年の夏のことであった。当然、アイノラにも行った。森の中にひっそりと佇む山荘は、シベリウスの壮大な交響曲がここで生まれたのが納得できるような風情であった。まさに自然の懐の中に入ったような気分であった。

CDに入っている曲の中でも特に、作品七五「樹の組曲」や作品八五「花の組曲」などが印象的であるが、前者の二曲目「孤独な松の木」が最もシベリウス的な作品だと私はかねてより思っている。

アイノラ周辺の森の中を散歩しながら、ここをシベリウスも歩いたのだな、などと考えていた。ふと足下を見ると松ぼっくりが落ちている。旅の思い出に形のいいのを二つ拾った。この松ぼっくりは、今でも机の上にのっていて、私は、この文章を書きながら、眼が疲れると、時々それを眺め、あの日のアイノラを思い出していた。

太古の神秘

シベリウス　交響詩「タピオラ」

二〇一〇年八月の末に、屋久島に初めて行った。

屋久島は、周知の通り、世界自然遺産の島である。樹齢千年を超えたものだけが屋久杉と呼ばれるが、その中でも最大の巨木、縄文杉は、樹齢七千年あまりともいわれている。

足の調子が少しよくないので、往復十時間ほどかかる縄文杉はあきらめて、白谷雲水峡《しらたにうんすいきょう》を歩くことにした。こちらだと、四時間くらいである。

屋久島に出かけるにあたって、心に決めていることがあった。それは、屋久島の太古の森の中で、シベリウスの交響詩「タピオラ」をヘッドホンステレオで聴くことであった。

普段、家にいるとき、シベリウスのこの曲は、クーセヴィツキー指揮ボストン交響楽団の演奏でよく聴いている。一九三九年の録音である。この演奏が入ったCDは、ナクソスのグレート・コンダクター・シリーズの一枚で、他に、交響詩「ポホヨラの娘」、付随音楽「白鳥姫」の第三番「ばらを持った乙女たち」、この二曲が「タピオラ」と同じく、ボストン交響楽団の演奏で、「交響曲第七番ハ長調」がBBC交響楽団の演奏で収録されている。そして、一番最後のトラックには、グリーグの「最後の春」(「悲しい旋律」の第二番)がボストン交響楽団の演奏で入っている。

このCDは私の愛聴盤の一枚で、クーセヴィツキーというシベリウスとも浅からぬ縁があった名指揮者が、シベリウスが在命中に指揮した歴史的名演といっていいいであろう。シベリウス自身がこの録音を聴いたかと思うと、やはり感慨深いものがある。シベリウスの、ついにまぼろしに終わった交響曲第八番は、クーセヴィツキーが初演するはずであったのである。

このCDとヘッドホンステレオを持って、私は屋久島へ向かった。交響詩の最後の大傑作「タピオラ」を、屋久島の太古の森で聴いたら、どんな感じを受けるだろうかと期待で一杯だった。

交響詩「タピオラ」は、シベリウスがよく題材をとったフィンランドの国民的叙事詩『カレワラ』の中に出てくる、森の神、タピオと、その領土タピオラから想を得たものである。

スコアの表紙裏には、『カレワラ』から要約された四行の詩が記されている。その大意は、「そこには北国の暗い森が広がる。原始的な夢のなかに太古の神秘を秘めて、そこにはおおいなる森の神が住む。森の精が暗がりのなかにうごめく」といったものである（『北欧の巨匠、グリーグ・ニールセン・シベリウス』音楽之友社刊）。

北欧、フィンランドの「北国の暗い森」と屋久島の「南国」の太古の森とは、ずいぶんと違ったものかもしれないが、その「太古の神秘」は共通しているであろう。私は、この「原始的な夢のなか」の「太古の神秘」の一片、あるいは一滴なりとも感じとりたかった。だから、「北国」と「南国」の違いなど、無視してかかったのである。

朝四時に起きて、車で森の入り口に七時に着く。雨が降りだした。屋久島では一カ月に三十五日雨が降る、といわれる。そのくらい、雨が降ったり、やんだりである。やんだと思うと、激しく降りだす。

この「屋久島では一カ月に三十五日、雨が降る」という言葉が有名になったのは、作家の林芙美子の『浮雲』の中に使われてからであろう。

林芙美子が屋久島を訪ねたのは、一九五〇年(昭和二五)の春で、死の一年前、四十七歳であった。『浮雲』の女主人公は、屋久島で死んでゆくのである。

降ったりやんだりの中を、歩いていく。二時間ほどで、白谷雲水峡の奥にまでたどりつく。丁度、そこで休憩しているとき、雨はあがり、陽が射してきた。急に明るくなった、静寂な空間の中を、太古の森の樹々の葉や枝から落ちてくる水滴が、弱い雨のように降りつづけている。水滴に光が反射して、さらに森の中が明るさを増す。

一緒に歩いてきたグループの人たちから、私は一人離れて、森のもっと奥に入っていった。そして、そこでヘッドホンステレオをとり出し、苔むした古い岩の上に腰をかけて、シベリウスの交響詩「タピオラ」を聴いた。眼の前には、水滴がひっきりなしに、木漏れ日の中を垂直に落下しつづけている。耳の中では、神秘的な「森の主題」がLargamente(ゆったりと遅く)で身体の中に滲みこんでくるように鳴っている。

ベートーヴェンの交響曲第六番「田園」は、コンサートホール、あるいは家で聴けば充分である。しかし、シベリウスの交響詩「タピオラ」は、自然のただ中で聴いてみる必要があるであろう。太古の森からその音楽が滲みでてくるようであった。陶酔のうちに、悠久の和音が引き延ばされつつ、曲は終わった。十七分十九秒であった。

はかなき人生

グリーグ　最後の春

二〇〇七年は、奇しくもシベリウス没後五〇年であり、グリーグ没後一〇〇年であった。シベリウスほどではないが、グリーグも好きな音楽家の一人である。

この二人は、北欧の風情が色濃くその音楽に染みこんでいて、ある意味で似たような雰囲気がある一方で、これほど対比的な二人もいない。

シベリウスには、鬱然たる文豪のような風格があるのに対して、グリーグにはマイナー・ポエットの良さがある。前者が叙事詩人だとすれば、後者は抒情詩人である。前者の音楽のクライマックスが、その緊張力の高さにあるのに対して、後者の音楽の最大の魅力は、緊張からの解放である。

そんな比較を考えついたのは、私の愛聴盤の一枚、ナクソスから出ているグレート・コンダクター・シリーズの中のクーセヴィツキーのCDを聴いていたときのことである。前章で述べた通りこの名盤には、シベリウスの交響詩「ポホヨラの娘」、付随音楽「白鳥姫」から一曲、交響詩「タピオラ」、「交響曲第七番」が収められ、最後にグリーグの「二つの悲しい旋律」の第二番「最後の春」が入っている。

シベリウスを聴いてきて、特に交響曲第七番の緊張力の極点が終わったあと、グリーグの有名な旋律が鳴りだすと、私は、ああ、これがグリーグだ、といつも思う。リストがグリーグのピアノ協奏曲を初見で弾き、第三楽章の中で、「G！ G・i・sでなくG！ これが本当の北欧だ」と叫んだといわれるが、私はこの「最後の春」を聴くとき、「これが本当の北欧だ」と叫びたくなるのである。

この曲は、ノルウェーの詩人ヴィニエの詩に作曲したものだが、孤独と貧困のうちに五十二歳の生涯を閉じた詩人が、その死の年の春の到来を、自分にとって「最後の春」になるであろうという予感の中で、春の喜びのすべてに感謝するという内容である。

グリーグのこの悲しくも美しい曲を聴いていて、いつだったか、ふと正岡子規の「佐保神の別れかなしも来ん春にふたたび逢はんわれならなくに」を思い出したことがある。この短歌も、三十五歳で死んだ子規が「最後の春」との「別れ」を歌ったもので、「佐保神」とは春の女神を指す。

私はこの歌に魅せられていて、三十六歳のときに自費出版したシューベルト論のエピグラフにしたほどである。シューベルトは三十一歳で死んだ。当時、私にも短命の予感があったのかもしれない。グリーグも、六十四歳まで存命したとはいえ、四十代以降は病気がちであったようである。グリーグの音楽には、人生をすばやく通過する人間のはかなさが歌われているように感じるのは、私だけであろうか。

朝の光

グリーグ　抒情小曲集

グリーグの「ペール・ギュント第一組曲」は、親しみやすくて好きな音楽だが、以前から気になっていたことがある。

一九九九年の夏、北欧の四カ国を旅したとき、ノルウェーで、フィヨルドの町ウーレンスバンクという所のホテルに泊まった。そこの庭園に、グリーグが滞在中に使った小屋がのこっていた。小さなピアノが置いてあるだけの、四畳半にも満たない物置のようなものであった。グリーグの「抒情小曲集」の何曲かは、こんな小さな空間の中で作られたのであろう。

一泊した翌朝、ずいぶん早くバスに乗って次の目的地に向かったが、フィヨルドを眺めながら朝の光の中に気持ちよくなっていると、バスのカセットテープから、グリーグの「ペール・ギュント」第一組曲の「朝」が流れてきた。実に、風景にぴったりして、思わず深く感動してしまった。

ところが、帰国して、何かのことでこの曲について調べていたら、この「朝」はモロッコでのことで、サハラ砂漠の日の出の情景が描かれているという。私はこの曲を北欧の朝のすがすがしさとして感受していたので、何かはぐらかされたようで、このことがずっと気になっていたのである。

しかし、二〇〇六年一一月に発売された田部京子の「ホルベアの時代から～グリーグ・リサイタル」を聴いて、納得するところがあった。というのは、このCDの最初に、「ペール・ギュント」第一組曲が、グリーグ自身のピアノ編曲版で入っていて、私は初めて「朝」をピアノ版で聴いたのである。

この「朝」は、清冽なピアノの音だけで演奏されていて、やはり北欧の朝の光である。ピアノ版に編曲されると、モロッコの朝では全然ない。グリーグという人は、深く風土に根ざした音楽家で、いい意味で器用さのないタイプだったから、モロッコの朝に音楽をつけようとしても、ノルウェーの朝の音楽を書いてしまったのではないか。

このCDを聴いていると、ノルウェーの風景というものが自ずから思い浮かんでくるように感じられる。特に、後半に入っている「抒情小曲集」からの数曲には、その感じが強い。

年末にかけて、このCDを繰り返し聴いていたが、そんな折、川本三郎さんの新著『言葉のなかに風景が立ち上がる』が届いた。冒頭に「風景に心惹かれる。／ときには人間の営みそのものよりも、背景になっている風景のほうに惹かれる。」と書かれている。グリーグのピアノ小品も、まさに音楽のなかに風景が立ち上がる作品であるといっていいだろう。

混沌の中の救い

ハイドン　交響曲第七七、七八、七九番

二十世紀のプロテスタント神学を代表するカール・バルトが、モーツァルトをこよなく愛していたことは有名な話である。

それがどれほど深いものであったかは、バルトがモーツァルトへの思いをつづった文章を集めた『モーツァルト』（小塩節訳）によって知ることができるが、冒頭に掲載されている「モーツァルトへの告白」の中で、毎朝、モーツァルトをレコードで聴いてから仕事に取り組んでいると書いている。

それにならっていうならば、このところ私は毎朝ハイドンを聴いてから活動を始めている。ハイドンの曲の中でも、特に交響曲七七、七八、七九番が入ったCDをかけるのである。

二〇〇九年のハイドン没後二〇〇年を切っかけに、ハイドンの曲をいろいろと聴くことで、私はハイドンの偉大さに開眼するようになったが、このCDもそんな中で入手した一枚であった。

ナクソスのハイドン交響曲全集シリーズの一枚で、ニコラス・ウォード指揮ノーザン室内管弦楽団の演奏である。CDの帯に、「ハイドンの名無し交響曲なんて」という方にもおすすめ、との広告文が書かれているが、たしかにこの三曲の交響曲には、ハイドンの交響曲の多くにつけられているニックネームはない。

そんなこともあるのか、『作曲家別・名曲解説ライブラリー　ハイドン』（音楽之友社刊）の巻の交響曲群の解説にも、この三曲は残念ながら載っていない。とりあげられているのは、ニックネームがつけられた曲がほとんどであるが、ニックネームの弊害はこんなところにもあらわれていると思われる。

「交響曲第七七番変ロ長調」は第一楽章ヴィヴァーチェ、第二楽章アンダンテ・ソステヌート、第三楽章アレグロ、そしてフィナーレはアレグロ・スピリトーソであるが、この開始のヴィヴァーチェがすばらしい。朝の何となく憂鬱な気分を、このヴィヴァーチェは快活に吹き払ってくれる。

「第七八番ハ短調」も、短調といっても暗いとか悲しいといった情調の音楽ではない。力強く情熱的といった趣である。この七八番の第一楽章もヴィヴァーチェである。

「第七九番ヘ長調」のフィナーレもヴィヴァーチェである。だから、このCD(一時間くらいの演奏時間だが)は、ヴィヴァーチェではじまり、ヴィヴァーチェで終わるのである。快活な気分にならないわけがない。

ハイドンについては、中野博詞の『ハイドン復活』『ハイドン交響曲』の二著に教えられるところが多かったが、後者の中にハイドンの「神を考えるとき、心はよろこびにみたされる。糸車から流れ出すように、音符が私に伝わってくる。神は快活な心を私にさずけてくださった……」という言葉が引用されている。また、ハイドンの伝記を書いたグリージンガーの「ハイドンの宗教的態度は、陰鬱な懺悔ではなく、明るい、罪をゆるされた信頼にみちている」という言葉が第四章「ハイドン　もうひとつの肖像」のエピグラフに使われている。

ハイドンは、「快活な心」の持ち主であった。そして、その音楽は「快活な」音楽であった。しかし、それは表面的な明るさではない。「陰鬱」を知った人の「快活」である。私が朝の憂鬱な気分を追い払うのに、ハイドンの「快活な」ヴィヴァーチェがとても役に立っているのも、そのせいであろう。

しかし、この三曲に私が心惹かれるのは、たんに「快活」であるばかりではない。ハイドンの音楽にはっきり感じられる、秩序感、形式感の美しさの故である。今日の世界、あるいは日本のような、無秩序、あるいは混沌の中に生きていてハイドンの音楽を聴くことは、精神の秩序、精神の創りだす形式といったものの存在を確信させてくれる。その感覚は、何か救いに近い。

中野氏の『ハイドン復活』には、一七八二年にハイドンをロンドンに招く計画があり、そのためにハイドンが第七七番を含む三つの交響曲を作曲したことが書かれている。そして、パリの出版社にあてた手紙の中で、「イギリス紳士の音楽趣味をも考慮して作曲した」といっていることを紹介している。

一七八二年といえば、フランス革命勃発の七年前のことである。私は、この「イギリス紳士」の中に、エドマンド・バークがいたのではないかと想像する。フランス革命に当初から批判的で、保守思想の源流といわれる名著『フランス革命についての考察』を著したバークも、ハイドンの交響曲が好きだったに違いない。

ハイドンの音楽に聴きとれる、秩序、形式、快活さ。これらのものこそ保守思想の基盤であり、フランス革命が近づく時代の混乱を対岸に目の当たりに見ていた「イギリス紳士」たち、そしてその中の一人バークは、ハイドンのこの三つの交響曲を、精神の平衡をとるためにも愛好していたことであろう。

単純で純粋な精神

ハイドン
交響曲第九二番「オックスフォード」

ハイドンの音楽の偉大さに開眼して以来、ハイドンのCDは、交響曲や弦楽四重奏曲をはじめ、いろいろなものを入手して愛聴してきたが、あるとき、ふと朝比奈隆のハイドンを聴いてみたいものだ、と思ったことがある。というのは、朝比奈隆という指揮者の高潔な人格が、ハイドンの交響曲に実にふさわしいように感じられたからである。

しかし、そのときまでに朝比奈隆のハイドンのCDが出ていたかどうか、私は知らなかった。

そうこうしているうちに、朝比奈隆がハイドンの交響曲第九二番「オックスフォード」と第九九番を指揮した放送用録音が発売になったのを知って、そのタイミングのよさにうれしくなった。朝比奈隆が、ベルリン・ドイツ交響楽団を指揮したもので、「オックスフォード」が一九七一年、「九九番」が一九七四年である。朝比奈隆は当時六十代であった。

特に「オックスフォード」がよかった。この曲は、「第九三番」から始まる「ロンドン・セット」の直前の曲であったりして、聴く機会が少なかったが、傑作といっていいであろう。

朝比奈隆といえば、ブルックナーであり、ベートーヴェンである。私も、朝比奈隆のブルックナーに深い感銘を受けた者であり、何回か演奏会でも聴くことができた。しかし、ハイドンも朝比奈隆に合っているようである。

「オックスフォード」の呼称は、ハイドンのロンドンでの交響曲演奏の成功に対して、オックスフォード大学が名誉博士号を贈り、それへの謝意としてハイドンがオックスフォードに出向き、この交響曲を指揮したことに由来する。

公式の学位授与式の席において、ハイドンはガウンを着用して指揮したのだが、朝比奈隆の指揮ぶりというのもいわば「ガウン」を着用しているようではなかったであろうか。そして、その演奏会は、「学位授与式」のような威厳に満ちたものであり、指揮台にすっくと立った朝比奈隆は、音楽の世界における「名誉博士」といってよかった。

「オックスフォード」で特にすばらしいのは、第二楽章の中間部、ト短調の独特のリズムである。このリズムは、単に激しいといったものではない。何か生命の躍動につながるような感覚である。このリズムを、朝比奈隆の指揮は、実に生き生きとした音楽として鳴らしている。

他の楽章も、ハイドンらしい端正さ、秩序感、品格、清潔感のあふれた演奏である。これを聴いていると、小林秀雄が『モオツァルト』の中で、モーツァルトのピアノ曲について書いていたことを思い出す。

モオツァルトは、ピアニストの試金石だとはよく言はれる事だ。彼のピアノ曲の様な単純で純粋な音の持続に於いては、演奏者の腕の不正確は直ぐ露見せざるを得ない。曖昧なタッチが身を隠す場所がないからであらう。だが、浪漫派以後の音楽が僕等に提供して来た誇張された昂奮や緊張、過度な複雑、無用な装飾は、僕等の曖昧で空虚な精神に、どれほど好都合な隠所を用意してくれたかを考へると、モオツァルトの単純で真実な音楽は、僕等の音楽鑑賞上の大きな試金石でもあると言へる。モオツァルトの美しさなどわかり切つてゐる、といふ人は、自分の精神を、冷い石にこすり付けてみて驚くであらう。

これは、ハイドンの音楽の方に、一層あてはまるように思われる。朝比奈隆の「精神」は、ハイドンの交響曲に「こすり付けてみて」一段と輝く。

「浪漫派以後の音楽」であるブルックナーの演奏において、朝比奈隆の天才が発揮されたのは間違いがないとしても、その演奏がすぐれていたのは、「誇張された昂奮や緊張、過度な複雑、無用な装飾」が朝比奈隆という「単純で純粋な」精神によって洗い落されて、ブルックナーの魂が素朴にあらわれ出ていたからに他ならない。

ハイドンの「美しさなどわかり切つてゐる、といふ人」で、私はかつてあった。「浪漫派以後の音楽」の中に、私の「曖昧で空虚な精神」が「好都合な隠所」を見つけるようなところがあったからであろう。

しかし、ついにハイドンの偉大さが分かり、その美しさをますます愛するようになった。グレン・グールドが、ハイドンの後期六大ソナタを録音し始めたのは、死の二年前からであった。ハイドンの偉大さが分かるには、五十歳くらいにならなければならないのかもしれない。

そして、時代としても、モーツァルトではなく、ハイドンを必要とするように変化してきているのではないか。

簡潔の美

ハイドン　弦楽四重奏曲作品七六の三「皇帝」

ハイドンの「弦楽四重奏曲集」を、ウィーン・コンツェルトハウス四重奏団の演奏で繰り返し愛聴している。

この四枚組のCDには、「作品六四」の全六曲と「作品七六」の全六曲が収められているが、名曲ぞろいで、みんな好きだが、その中でも「作品七六」の三「皇帝」は「特愛」の曲である。

この曲が、「皇帝」という名で呼ばれるのは、周知の通り、第二楽章ポコ・アダージョ・カンタービレが、有名なハイドン自作のオーストリア国歌「皇帝讃歌」を主題としているところからきている。

この主題が、第四変奏まで変奏されるが、実に美しい。この楽章を聴いていると、「海ゆかば」の弦楽四重奏版を連想することがある。それは、

「海ゆかばのすべて」というCDに収められている。

　この弦楽四重奏版は、詩人の谷川俊太郎が一九六八年（昭和四三）の映画「東京100年」の脚本を書いたとき、その映画のある場面で「海ゆかば」を使いたいと思い、作曲家の林光に依頼して、弦楽四重奏版に編曲してもらったものである。

「海ゆかば」を弦楽四重奏版にすると、ハイドンの弦楽四重奏曲の緩徐楽章に似た雰囲気をかもし出すということは、作曲家、信時潔がドイツ古典派をいかにしっかりと学んだかをあらためて認識させる。

　そして、「皇帝」の第二楽章と「海ゆかば」の弦楽四重奏版に共通して聴こえる美しさは、「公」への奉仕という観念が滲みとおっているからであろう。ロマン派の自己表現の臭みがないのである。

　ハイドンの「皇帝」が気に入ったので、「皇帝讃歌」も聴きたくなった。ハイドンの「歌曲全集」（エリー・アメリングのソプラノ、イェルク・デームスのピアノ）を入手して、聴いてみた。

　このCD二枚組につけられた解説書には、「一七九七年に六十五歳のハイドンは、彼の最も有名な、最も人々に歌われた曲〈神よ、皇帝を守らせたまえ〉（四三番）を書いた。この曲の古典的な簡潔さは、あらゆるオペラ的要素から自由である。ハイドンがここで成功した芸術的創作と民族性との綜合は、音楽史上実に稀な成功例の一つであった」と書かれている。

また、「全四節の詩の第一節と第四節が歌われている。この曲は第一次世界大戦に至るまで、オーストリア国歌として長く歌いつづけられた」と注があって、翻訳が載っている。


神よ、皇帝フランツを守らせたまえ、我らのよき皇帝フランツを！

幸福の極めて明るい輝きの中で皇帝フランツが長生きされんことを！

皇帝の行くところどこにでも、月桂樹の枝が皇帝の名誉を讃え、花咲く冠とならんことを！

神よ、皇帝フランツを守らせたまえ、我らのよき皇帝フランツを！

皇帝がその国々とその諸民族の最高の繁栄を楽しく経験されんことを！

彼らが兄弟の絆で一つになって、他の諸民族よりも卓越しているのを御覧になり、彼の墓所の縁に立ってもなお子孫たちの合唱の声を耳にされんことを、

「神よ、皇帝フランツを守らせたまえ、我らのよき皇帝フランツを！」と

この「皇帝讃歌」を、アメリングのソプラノで聴くと、何か変な言い方だが、国歌としては美しすぎる。「皇帝フランツ」が、きれいで小さなおもちゃの皇帝の人形のような感じがする。

この「皇帝讃歌」が作られてから、七十年ほど経ったとき、ウィーンを岩倉使節団が訪れた。この明治初年に、米欧を回覧して回った使節団は、『米欧回覧実記』をのこした。この『米欧回覧実記』は、日本人と西洋文明との関係を考える上で、実に興味深い記述に満ちているが、このハイドン作曲の「皇帝讃歌」を聴いていると、第八十巻の中のオーストリアの軍服について面白い感想を書いているのを思い出す。

大平原で軍隊の行進を見たとき、「軍装ノ美ナル春郊ノ花ノ如シ、以《ゆえ》ニ

欧洲第一トイウモ、虚誉トセス」と評している。オーストリアの軍隊は、見た眼には実に美しいという。しかし、フランスやロシア、プロシアの軍隊の方が強そうだという。そして、「墺国（オーストリア）ノ兵ハ、華ハ華ナリ、華ニ失スルナランカ」と面白い批評を下している。

ハイドンは、英国の国歌やフランスの「ラ・マルセイエーズ」に刺激を受けて、国歌を作ろうとした。しかし、芸術家ハイドンは、「皇帝讃歌」のような、国歌としては「華ハ華ナリ、華ニ失スルナランカ」といいたくなるほどに美しい音楽を作ってしまったのである。

神の秩序

ハイドン　皇帝讃歌の主題による変奏曲

このところ、ハイドンの偉大さにあらためて眼を開かされたように感じて、これまで名曲としてよく知られた曲以外に、あまり聴いてこなかったハイドンの音楽のCDをいろいろと聴いてみては、ますますハイドンの深さに感銘を深くしている。

パウル・バドゥラ＝スコダのCDも実にいい。収められているのは、「ピアノ・ソナタ第三一番変イ長調」「アンダンテと変奏曲ヘ短調」「ピアノ・ソナタ第三三番ハ短調」「皇帝讃歌の主題による変奏曲ト長調」そして「アダージョヘ長調」である（ピアノ・ソナタの番号は、ウィーン原典版によるる）。

使用楽器は、ウィーンのヨハン・シャンツによる一七九〇年頃製作のオリジナル楽器（フォルテピアノ）であり、ハイドンは「私はシャンツ氏を最高のフォルテピアノ職人とみなす」といっている。

このCDの魅力の一つは、八十歳を超えたウィーンの巨匠バドゥラ＝スコダが見事な解説文を書いていることである。こういう教養の深さというものは、やはりヨーロッパならではのものであろう。

ピアノをやたらとうまく弾くピアニストは世界各地から輩出しているが、バドゥラ＝スコダのような、「人文主義」の余韻を感じさせるような教養人的ピアニストは、ほとんどいないであろう。ウィーンという場所のすごさである。

そして、こういうピアニストこそが、ハイドンを弾くのにふさわしい。「解題——演奏家より」の中に、次のように書いている。

おそらくハイドンは、当時の鍵盤楽器の諸規範をことごとく、さらには当時の作曲様式についてまでも、すべからく理解している「音楽通・愛好家諸氏」たちを、顧客として想定していたのでしょう——しかし彼は同時に、それらのソナタを愉しむ人々のすべてが、ひとつの同じ秩序に関与しているという一体感を得られるであろうこと、ひとつの不可侵な世界の精神を感じるであろうことも、ちゃんと分っていたのでした。時おりしも啓蒙主義の時代、つまり「個人」に目が向けられた時代ではありましたが、十八世紀半ばのヨーロッパ人たちはまだ、「人間らしさ」とはあくまで、神の創りたもうた秩序に関与してはじめて成り立つもの、と考えていました。そうした考えを決して否定せず、神への服従を忘れなかったのです。音楽的調和《ハーモニー》とは、この神の秩序から生まれたものであり、そうした音楽を生じせしめた神を信頼することで、人生に喜びを見出すことができる――つい最近まで「古くさい」「時代錯誤」などと、誹謗されていたハイドンの音楽が、ここ数十年でどんどん愛聴さえるようになってきたことの〝鍵〟も、実はそうした十八世紀的思考の中に潜んでいるのではないでしょうか。

私がハイドンを「どんどん愛聴」するようになってきたのも、ここでバドゥラ＝スコダが書いている「神の秩序」といったものをハイドンの音楽に感じるからに他ならない。そして、バドゥラ＝スコダの演奏は、まさにこのようなハイドン理解に基づいており、聴いていて実に「人生に喜び」を感じさせるようなものとなっている。「ピアノ・ソナタ変イ長調」の第三楽章について、解説の中にフルトヴェングラーの「生きる喜びというものが、ひとつに束ねられてそこにある」という評言が引用されている。

それにしても、このCDの中で私が特に好きなのは「皇帝讃歌の主題による変奏曲」である。

前章で、弦楽四重奏曲「皇帝」と「皇帝讃歌」について書いたけれども、「皇帝讃歌の主題による変奏曲」についてのバドゥラ＝スコダの解説によってますます、この「皇帝讃歌」が好きになった。

この曲は、ハイドンが生涯で手がけた最後のピアノ独奏曲であるというのも私には重く感じられる。バドゥラ＝スコダは「いずれにせよ、幾つもの声部が矛盾なくからみあう賛美歌ふうのこの変奏曲」といっているが、たしかに「皇帝讃歌」は、一種の「賛美歌」なのである。「神よ、皇帝フランツを守らせたまえ」という、内実は「神」への讃歌、祈りだからである。「皇帝」への讃歌ではない、「皇帝」のための祈りである。

ハイドンは、交響曲であれ、ミサ曲であれ、あるいはソナタであれ、自作品の楽譜の頭には、必ず「神の名において In Nomine Domini」と記し、末尾には常に「神に賛美 Laus Deo」と書き添えることを忘れなかったという。そして、「皇帝讃歌」をハイドン自身「私の祈り」と呼んでいたのであった。

最晩年、身体の衰弱がひどくなっても、ハイドンは毎日「皇帝讃歌」を弾くのを欠かさなかったという。そして、死の数日前に最後に弾いたのも、「皇帝讃歌」であった。「彼自身驚いたことに、表情をこめてつづけさまに三回も弾くことができた」とハイドンの没した翌年に刊行されたグリージンガーの伝記に書かれている。まさに、ハイドンの「私の祈り」であった。

哀しみて傷らず

ハイドン　弦楽四重奏曲作品七六の五

ウィーン・コンツェルトハウス四重奏団による、ハイドンの「弦楽四重奏曲」を繰返し聴いて飽きない。

この四枚組のCDには、作品六四の全六曲と作品七六の全六曲が収められている。ハイドンの弦楽四重奏曲群の中でも頂点を形成する傑作がそろっている。

しかし、実はハイドンの弦楽四重奏曲をこれまでほとんど聴いてこなかった。交響曲の方では、後期の「ザロモン交響曲」の名作群などを愛好するようになったのは十数年前のことであるが、「弦楽四重奏曲」の方はまだ手を伸ばしていなかった。

いいCDに当たったと思う。というのは、このウィーン・コンツェルトハウス四重奏団の演奏は実にハイドンにぴったりのように感じられるからである。ハイドンのすばらしさが、よく出ている。

これまで、ハイドンにあまり興味を向けなかったのは、やはり青年期に読んだ小林秀雄の『モオツァルト』の影響である。若いうちに受けた感化というものはなかなか深くつづくものらしい。『モオツァルト』の中に次のように書かれていたのである。

僕はハイドンの音楽もなかなか好きだ。形式の完備整頓、表現の清らかさといふ点では無類である。併《しか》し、モオツァルトを聞いた後で、ハイドンを聞くと、個性の相違といふものを感ずるより、何かしら大切なものが欠けた人間を感ずる。外的な虚飾を平気で楽しんでゐる空虚な人の好さと言つたものを感ずる。この感じは恐らく正当ではあるまい。だが、モオツァルトがさういふ感じを僕に目覚ますといふ事は、間違ひない事で、彼の音楽にはハイドンの繊細さへ外的に聞える程の驚くべき繊細さがたしかにある。

私はこれを読んでから、ハイドンを何となく軽んずるようになってしまったのである。若気の至りとしかいいようがない。しかし、そういう若気の至りを青年の読者に起こさせるのが、小林秀雄の真骨頂なのである。そして、人間が自らの宿命にぶつかることがあるのも、また若気の至りによってであることも忘れてはなるまい。

しかし、ウィーン・コンツェルトハウス四重奏団のハイドンを聴いて、小林の「感じは」本人も認めているように「正当では」ないとはっきり分かった。ハイドンも「繊細」である。モーツァルトが「内的」でハイドンが「外的」なのではない。ハイドンの音楽は、いわば「哀《かな》しみて傷《やぶ》らず」という音楽なのである。

『論語』に、「子曰《しのたま》わく、關雎《かんしょ》は楽しみて淫《いん》せず、哀《かな》しみて傷《やぶ》らず」とある。貝塚茂樹の解説には、「『関雎』は『詩経』の国風《こくふう》の第一篇の篇名であるが、この孔子時代には、管弦の伴奏につれて、第一に『関雎』、第二に『葛覃《かつたん》』、第三に『巻耳《けんじ》』の三篇が一組として唱《うた》われた。この場合も一組の楽曲の総称とみられる。」とあり、つづけて、孔子と音楽の関係について「孔子は、このことばでもわかるように、なかなかの音楽通であった。音楽は感情の表現であるが、それは常に節度を守り、感情の表出には適度の抑制が必要だと論じた。これはたんに音楽批評であるばかりでなく、中国文学の理想を示すものとされる」と書かれている。この孔子という「音楽通」は、たんなる音楽愛好家だったのではなく、その国の、社会の、あるいは人間の「正しさ」の象徴だったのである。『論語』には、「子曰く、吾衛《えい》より魯《ろ》に反《かへ》り、然る後に楽《がく》正しく、雅頌各《おのおの》そのところを得たり」という言葉もある。

ハイドンの「形式の完備整頓、表現の清らかさ」というのも、「外的」なものにとどまるものではない。孔子のいう意味で、人間の倫理、社会の秩序への希望につながっているのである。孔子が現代に生き返ったら、最も好む西洋音楽家は、ハイドンではないか、バッハでもモーツァルトでもベートーヴェンでもあるまい、といった空想に誘われる。

そういう意味で、ハイドンの音楽は「哀しみて傷らず」の音楽なのである。小林が愛したモーツァルトの悲しみ、いわゆる「疾走する悲しみ」は、「哀しみて傷」れたものである。ハイドンが古典派であるとは、「哀しみて傷らず」という点にあり、ロマン派とは「哀しみて傷」れていくことに他ならなかった。

「作品七六の五」の第二楽章ラルゴ、カンタービレ・エ・メストの美しさこそ、「哀しみて傷らず」の最高の表現であろう。それに対して、同じく、メストのある、ベートーヴェンのラズモフスキーの「第一番」の第三楽章アダージョ・モルト・エ・メストは、「哀しみて傷」れ果てている。

私も、「哀しみて傷」れるところに、音楽の魅力、あるいは魔力を感じてきた。しかし、知命の年を過ぎて、「哀しみて傷らず」の意志も実は深いものであることが分かってきたように思う。

第二部　演奏家篇

内部からの新鮮さ

パーヴォ・ヤルヴィ ー

ある時期、パーヴォ・ヤルヴィ指揮、ドイツ・カンマーフィルハーモニー・ブレーメンによるベートーヴェンのCDを繰り返し聴いていたことがある。第三番「英雄」と第八番である。実に新鮮である。

うかつな話だが、私はこの指揮者を知らなかった。もともと新しい演奏家やCDに絶えず注意を払っているといった人間ではないので、こういうこともよくある。

どうしてこの指揮者のことを知ったかというとほとんど偶然であった。『レコード芸術』誌（音楽之友社刊）に、新譜の短い抜粋が三十曲くらい入ったCDが付録でついているが、このCDを私は、大学の研究室で雑用をしているとき、よくBGM代わりにかける。なじみの曲が多いし、抜粋なので、その曲に没入してしまうという恐れもない。何か作業をしているときの気分には合うのである。

何枚もそれを聴いてきたが、ごく短い演奏時間にもかかわらず、ハッとさせられて、思わず注意を集中したことが、それまでに一回だけあった。それは、アンジェラ・ゲオルギューの歌ったフォーレの「レクイエム」の中の「ピエ・イエス」であった。これは、実に新鮮であった。これまで聴きなじんでいたフォーレが、「宗教的な、余りに宗教的な」ものに感じられるほどに、生命感、あるいはもっといえば野性的なものが、あふれていた。

ゲオルギューも私は、名前だけ知っていて、CDは聴いたことがなかったが、早速、そのCDを買って、何回も聴いた。それ以来、私はゲオルギューを愛好し、ぜひ一度生で聴きたいものだと願っているが、残念ながらその機を得ていない。

このパーヴォ・ヤルヴィのベートーヴェンは、そのゲオルギュー体験以来、二度目の驚きだった。六月下旬のある朝のことであったと思う。付録のCDをかけていると、第三番「英雄」の第一楽章の終わりの部分がかかった。ハッとした。決して、目新しさをねらったものではない。しかし、内部から新鮮さがあふれている。外側につけられた新しさではない。久しぶりにベートーヴェンの「英雄」を聴いて感動を覚えた。

パーヴォ・ヤルヴィは、歴史と伝統がたっぷりと付着したベートーヴェンを新鮮にしている。今日、目新しさはあふれているが、目新しいことと新鮮なこととは違うのである。

歴史と伝統ということがよくいわれるが、歴史も伝統も重んじすぎるとかえって弊害が出るであろう。世界を新鮮にすることも、きわめて大切なことである。

丁度その頃、NHK番組「芸術劇場」で、パーヴォ・ヤルヴィ指揮、ドイツ・カンマー・フィルハーモニー・ブレーメンの来日公演が放映されたので、そのタイミングをうれしく思いながら観た。

横浜みなとみらいホールでの演奏会で、曲目は、ベートーヴェンの「第一番」、「第二番」、そして第三番「英雄」であった。CDのジャケットの顔写真が、ロシアの大統領プーチンに似ているようなのが少し気になっていたが、映像で初めて見るパーヴォ・ヤルヴィは、好感の持てる人物であった。指揮をする動作や顔の表情なども誇張がなくて、率直で、その人柄もそのように感じられた。

「第一番」、「第二番」もすばらしい演奏で、これらを作曲したベートーヴェンは、まさに若きベートーヴェンであり、大ベートーヴェンなどではないことをあらためて思わせられるものであった。

CDで繰り返し聴いていた第三番「英雄」がやはり、聴きごたえがあった。聴きながら、私は、これは小林秀雄のいわゆる「上手に思ひ出す事」ができたいい例だと思った。小林は、有名な『無常といふ事』の中で、「上手に思ひ出す事は非常に難かしい。」と言った。「記憶するだけではいけないのだらう。思ひ出さなくてはいけないのだらう。多くの歴史家が、一種の動物に止まるのは、頭を記憶で一杯にしてゐるので、心を虚しくして思ひ出す事が出来ないからではあるまいか。」

パーヴォ・ヤルヴィの「英雄」を聴いていると、私には若きナポレオンがまざまざと「思い出」されてくる。ダビッドの絵でも、戴冠式のナポレオンではなく、若き日のナポレオンを描いた未完の肖像の方である。

ナポレオンといえばスタンダールだが、スタンダールが、その『パルムの僧院』（大岡昇平訳）の冒頭に、一七九六年、ナポレオン二十七歳のときのミラノ入城の場面を書いているのが自ずと思い浮かんでくる。

一七九六年五月十五日ボナパルト将軍は、ロジ橋を突破した若い軍隊を率いてミラノにはいった。彼らはかくも長い世紀を経た後、カエサルとアレクサンドロスがようやくその後継者を得たことを世界に知らしたばかりであった。

パーヴォ・ヤルヴィの「英雄」を聴いていると、ナポレオンの時代を「上手に思ひ出す事」ができるように思われる。私は、あるとき、アウステルリッツ会戦の戦場を駆けぬけるナポレオンをその同時性において垣間見たように思ったことであった。

「野生児」の指揮者

パーヴォ・ヤルヴィ II

数年前だろうか、サントリーホールに、パーヴォ・ヤルヴィ指揮、フランクフルト放送交響楽団の演奏会を聴きにいった。演目は、ベートーヴェンのピアノ協奏曲第五番変ホ長調「皇帝」とブルックナーの「交響曲第七番ホ長調」であった。

「皇帝」のピアノは、エレーヌ・グリモー。このグリモーというピアニストを聴くのはそのときが初めてであったが、「皇帝」を聴いて、実に生命感あふれる演奏をする人だな、と感心した。

ヤルヴィの指揮は、ドイツ・カンマー・フィルを振ったときのベートーヴェンのような斬新さはなかったけれども、やはりすばらしくいきいきとした音楽を鳴らしていた。ヤルヴィとグリモー、この二人のともに若々しい演奏がまさに「協奏」して、「皇帝」が重々しい威厳に満ちた「皇帝」というより、颯爽とした「皇帝」になっていて新鮮であった。

グリモーには、『野生のしらべ』(北代美和子訳、武田ランダムハウスジャパン刊)という自伝がある。音楽への目覚めや演奏活動などについてももちろん語られているが、ユニークなのは、パリの音楽界から逃れ、単身アメリカへ渡ってからのオオカミとの交流である。

この女性は、「野生」の生命と深く通じあう不思議な力を持っているらしい。それでいて実に繊細である。それは、この人の印象的な眼差しにあらわれている。

たしかにその日のコンサートでも、私は一階の真ん中あたりに座っていたが、グリモーの強い眼差しに注意をひかれた。これはまさに「野生」の眼差しである。

そう思うと、ヤルヴィも「野生」の人なのである。レヴィ=ストロースの『野生の思考』を思い出しつついうならば、ヤルヴィもクラシック音楽界という伝統と習慣におおわれた世界に、一人の「野生児」として登場したのである。

この「野生児」は、伝統の中に埋もれている音楽を新鮮にする。新しい発見を、絶えず試みる。ピアノ協奏曲のピアニストとして、グリモーという「野生」の眼差しを持った女性を選んだのは、すばらしい選択である。「皇帝」は、繰り返し演奏されてきた名曲であり、新鮮な「響き」をもたらすのは、なかなか難しいであろうが、今回の「皇帝」でも、ヤルヴィは、最後にハッとする演奏をやはり聴かせてくれたのであった。

もう終るな、と思っていると、異様な緊張がふいに訪れた。音が静まった。そして、ティンパニが深々と鳴らしつづけられる。その神秘的な低音の上に、ピアノの音が響く。何度も「皇帝」を聴いたことがあるが、ここのところのティンパニをこんなに強調した演奏を聴いたことはなかったように思う。頭がグラッとするような「響き」であった。やはり、ヤルヴィは、恐るべき指揮者である。

あらためてプログラムの解説をみると、ヤルヴィは「生地の音楽学校で打楽器と指揮を学んだ後」アメリカに渡ってカーティス音楽院に入学したとある。分かった、ヤルヴィの秘密は、打楽器である。これがヤルヴィの演奏の、神秘的なまでの生命感を生みだす大きな要素である。

そして、打楽器という、最も「野生」に根差した楽器を自在に操ることで、その「野生」的な音楽は、深まるのである。

そういえば、ドイツ・カンマー・フィルとのベートーヴェンの「英雄」に、私が感嘆したのも、ティンパニの響きとリズムの新鮮さによるところが大きかったことが思い出される。プログラムの中のインタヴューでも、「ドイツ・カンマー・フィル以外のオーケストラでも、古典派の音楽ではピリオド楽器を取り入れているのだろうか?」という問いに対して、ヤルヴィは「フランクフルトでも、トランペットとティンパニはピリオド楽器を使いました。アタックの鋭さや一瞬の輝きが違うからです」と答えている。やはり、ティンパニにこだわっているのである。

後半のブルックナーの「七番」でも、ティンパニが実に神秘的な響きをたてていた。ブルックナーの交響曲においては、もともとティンパニは大事な役割を果たしているが、特に有名なのは、「八番」のフィナーレで、これは、クナッパーツブッシュの指揮するミュンヘン・フィルの名盤に最もよく聴くことができる。

七番を聴きながら、私はティンパニに注意を集中するようになった。そもそも、「皇帝」のときから、ティンパニストの男がとても気になっていた。オーケストラの中央の一番高いところにすわった、このやせて長身の男は、しょっちゅう耳をティンパニの皮に近づけている。音楽に没入している感じである。この男が、ヤルヴィの指揮に応えて、ティンパニを神秘的にたたく。またときに苛烈に打ちつづける、古くさい世界をまさかりで垂直にたたき割るかのように。私は、すっかりこのティンパニストが好きになってしまった。

この演奏会にひきつづき、私は、横浜みなとみらいホールでのブラームスにも二日間つづけて足を運んだ。

一日目が交響曲の「第四番」と「第二番」、二日目が「第三番」と「第一番」、二日間でのブラームスの交響曲全曲演奏会であった。

二〇〇六年には、同じ横浜みなとみらいホールで、ドイツ・カンマー・フィルとベートーヴェンの交響曲全曲演奏をしたことがある。ヤルヴィは、全曲演奏を好むタイプのようである。それは、この人の探究心の深さから来ているのであろう。その作曲家の本質を突きつめなければやまない人に違いない。たんに名曲を「名演」して満足するようなことはない。

このときの公演のチラシにも「ブラームスの音楽の果てしない哀しさ、哀愁、ノスタルジーとは、いったい何なのか？　人生と人物像を探りたい」というヤルヴィの言葉が載っている。

一日目の「第四番」は、冒頭の音が鳴りだしたとたん、ブラームスの「果てしない哀しさ、哀愁、ノスタルジー」が滲みだしてくるような響きであった。二番は、特に終楽章の高揚感がすばらしかった。

二日目の「第三番」は、ブラームスの「人生と人物」の奥にあるものをえぐりだすような演奏であった。そして、第一番、これが最もよかった。もともと私は、ブラームスの四曲の中では、この第一番が最高傑作だと思ってきたし、最も好きである。パーヴォ・ヤルヴィの「野生」的な指揮は、この第一番に向いているようにも感じられる。とにかく、推進力に満ちた名演であった。

そして、アンコールがすばらしかった。二日とも、ブラームスのハンガリー舞曲第五番、第六番であった。二日目も同じ曲をやり出したが、私は少しも退屈しなかった。この舞曲というのは、ヤルヴィの個性に実に合っている。演奏が、ハンガリー舞曲の舞曲たる面を強調したような指揮で、時折、ヤルヴィは指揮台の上で軽やかに踊っている。そういえば、ベートーヴェンやブルックナーなどの他の大曲の場合も、ヤルヴィは時々踊ってみせる。

ヤルヴィのことを「野生児」の指揮者と評したけれども、「野生児」といえば、詩の世界における、驚くべき「野生児」アルチュール・ランボオのことを思い出す。

ランボオの『地獄の季節』（小林秀雄訳）の中の「悪胤」の一節「叫びだ、太鼓だ、ダンス、ダンス、ダンス、ダンス。」そして、その先でまた繰り返される一節「飢え、渇き、叫び、ダンス、ダンス、ダンス、ダンス。」このランボオの「ダンス、ダンス、ダンス、ダンス」は、文明に対する「野生」の「叫び」であり、原初的なるものの躍動である。

ヤルヴィのハンガリー舞曲は、まさにハンガリアン・ダンスであり、このダンスには「ダンス、ダンス、ダンス、ダンス」の余響が聴こえる。

ヤルヴィの演奏がいきいきとしているとは誰もがいうが、それはたんに生命感にあふれているという次元を超えているのである。それは、ベルクソンのエラン・ヴィタールに通じるエランであり、ランボオのダンスにもつながっているのである。「叫びだ、太鼓だ、ダンス、ダンス、ダンス、ダンス。」とランボオは「叫」んでいるが、やはりそこには「太鼓」が出てくるのである。

先ほどいったティンパニも、この原初の響きをたてる「太鼓」に他ならないからこそ、ヤルヴィのティンパニはすばらしいのである。

しかし、ヤルヴィの「ダンス」は、乱舞にいくことはない。実に節制されている。ただたんに音楽を乱舞させているような指揮者では決してない。ここにパーヴォ・ヤルヴィが有名な指揮者ネーメ・ヤルヴィの息子であるという、いわば育ちのよさがあらわれている。

そして、ヤルヴィがエストニアのタリン生まれであることも興味深い。やはり、この指揮者の世界のランボオは、ヨーロッパ音楽の「辺境」から出現したのである。ドイツやオーストリア、あるいはフランスからは、このような革新的な、「野生」の指揮者は生まれないに違いない。ピアニストにおけるランボオともいうべきグレン・グールドも、やはり「辺境」カナダの出身であった。

グールドやヤルヴィのような、伝統の重圧をはねのけ、古典の音楽の本質にある現在的なもの、かつ永遠的なものを、その生命感のあふれる深所でつかみ出すような「野生児」は稀にしか出現しないし、ピアノの世界では、グールドのあとグールドなしである。そんな中、ヤルヴィのような「野生児」が指揮者の世界に登場してきたこと、これは、二十一世紀の希望の一つであろう。

異形なる才能

アナトール・ウゴルスキ

ピアニストのアナトール・ウゴルスキに久しぶりに出会うことができた。出会ったといっても、直接見たという訳ではなく、CDを聴いたということである。ウゴルスキがスクリャービンのソナタ全十曲を入れた新譜が二〇一〇年の秋に出たのだ。

その広告を見た私は、懐かしくて早速買った。やはり、ウゴルスキはいい。スクリャービンのソナタというものを、私は特に愛聴してきたということはないけれども、ウゴルスキの演奏で繰り返し聴いているうちに、何か深く心ひかれるものを感じるようになった。

ウゴルスキは、旧ソ連時代に不遇な地位におかれていて、一九九〇年にドイツに移住した。そして、ヨーロッパで衝撃的なデビューを飾ったのであった。

ドイツ・グラモフォンと契約し、たしか最初のCDは、ベートーヴェンの「ディアベリ・ヴァリエーション」であった。それを聴いてから私は、ウゴルスキを今日、稀に見る天才として関心を持ちつづけた。リサイタルにはよく行ったし、その後出されたシューベルトの「さすらい人」、ブラームスの「ヘンデル・ヴァリエーション」などは愛聴盤となった。

そして、ウゴルスキについてはそれまで、何回も機会あるごとに書いてきたが、私が淋しく思っていたのは、ウゴルスキが来日しなくなって久しいし、CDも新しいのが全然出ないことであった。

鎌倉芸術館のリサイタルを聴きに行ったのが、二〇〇一年五月のことであった。どうも、その後来日していないようである。こういう本質的な天才、時代の流行を超越してしまったような怪物は、今日、理解されないのかも知れない。

時代の感覚に収まる「天才」ピアニストは流行するかもしれないが、ウゴルスキのような、あえていえば異形なる才能（CDのジャケット写真の、自分をモデルにして作られた指人形と向かい合っている不思議な表情を見よ）は、なかなか流行る訳にはいかないのであろう。謎めいた、旧ソ連のピアニストという話題が消えてしまえば、芸術を鑑賞することが芸術上の話題をしゃべりあうこととほとんど等しい、今日の芸術愛好家たちは、離れていってしまうのであろう。

そんなことで、ウゴルスキの近況を心配していた私が、このスクリャービンのソナタを入れたCDの発売を知って、とても喜んだのはいうまでもない。しかし、CDの発売元が、Avi Musicというドイツの会社であることが気になった。

この会社の名前は初めて聞いたが、ドイツ・グラモフォンに比べれば、マイナー・レーベルということになるのだろう。ウゴルスキは、ドイツ・グラモフォンとの契約も切れたに違いない。このCDは、もちろん、輸入盤として手に入れたものである。

このとき、ウゴルスキは六十八歳である。そういう年になったウゴルスキが、スクリャービンのソナタ全集を収録したということにまず、心動かされる。

鎌倉でのリサイタルでも、スクリャービンのソナタ第五番を弾いていたし、一九九七年の紀尾井ホールでも、スクリャービンの「左手のための前奏曲と夜想曲」「練習曲」の第二番、第一一番、第一二番、そして、ピアノ・ソナタの第二番と第四番を弾いた。

そういう意味で、昔からスクリャービンは、ウゴルスキの得意なレパートリーであったのであろうが、今回のCDで全十曲を聴くことができ、スクリャービンの神髄に触れたような気がした。

ウゴルスキの大きな手は、ベートーヴェンにしろ、ブラームスにしろ、何か高所から眺め渡しながら弾いてしまうような大きさがあって、その曲が自ずら鳴り響いている感じがする。人間のピアニストが必死になって弾いているというよりも、音楽が自然に展開していくような不思議な思いにとらわれる。

スクリャービンといえば、すぐ神秘主義という言葉が使われる。私も、これまでスクリャービンに対して、何かそういった先入観を持っていたのである。しかし、ウゴルスキの演奏を聴いていると、スクリャービンの音楽が少しも神秘くさくなく鳴っていて、変ないい方だが、神秘が自然に響いてくる。

ウゴルスキは、神秘的な部分も自分の内部に組みいれられるような大きな人格の持ち主であり、いわゆるスクリャービンの「神秘和音」も神秘的に弾いたりはしていない。「神秘和音」を自然に弾いている。

「神秘和音」を神秘的に弾いた方が俗受けするかもしれない。それが現代という、スピリチュアルなものが流行する時代の風潮であろう。しかし、ウゴルスキは、「神秘和音」をいとも普通に弾いている。実は、この方が恐ろしいことである。

ウゴルスキという天才が今日の世界で、ついに「世界の外」を垣間見る人間になったことを、このスクリャービンの深遠な演奏は、示している。

憑依と没入

レナード・バーンスタイン

かねてより念願だった、シベリウスについての批評文を或る雑誌に連載し始めたのは、二〇〇五年のことで、途中で中断があったり、雑誌が変わったりしたが、二〇一四年一二月に『シベリウスと宣長』と題する一冊の本として上梓することができた。

その間、シベリウスの音楽のCDをずいぶん買い求めた。交響曲や交響詩といった主なる作品ばかりでなく、ピアノ曲全集や歌曲全集といったものや、珍しい小曲を録音したようなCDまで手を伸ばした。

指揮者も、ヘルベルト・フォン・カラヤン、パーヴォ・ベルグルンド、ジョン・バルビローリ、コリン・デイヴィス、オスモ・ヴァンスカ、渡邉暁雄、シクステン・エールリンク、パーヴォ・ヤルヴィ、レイフ・セーゲルスタム、などさまざまだが、それぞれ特徴ある演奏で、聴き比べているいると新たな発見に導かれることもあった。

そんな中でも、シベリウスに開眼するような深い印象を受けたのは、サー・トーマス・ビーチャムのCDであった。「交響曲第四番」と「第六番」、その他数曲が収録されていて、「第四番」がロンドン・フィル、「第六番」がロイヤル・フィルを振ったものであった。

特に、この「第六番」には感銘を受け、私のシベリウス論の中核的観念——シベリウスの音楽は「冷かなる一杯の水」である——という直観が生まれた。

しかし、私がシベリウスについて最初の短い批評文「シベリウスの焦燥」を書いたのは、もっと昔で、一九九一年六月のことであった。これを書く切っかけになったのは、実はレナード・バーンスタイン指揮ウィーン・フィルの演奏によるシベリウスの「第五番」と「第七番」に深く心動かされたことであった。一九八七年九月と八八年一〇月、ウィーンでのライヴ録音で、これが八九年に発売になっていたのである。このCDを繰り返し聴くうちに、シベリウスといえば人並みに「交響曲第二番」くらいを聴いていた私は、シベリウスの偉大さに圧倒されるようになっていった。

それにはやはり、バーンスタイン最晩年のライヴ盤によって「第五番」、「第七番」を聴いたことが大きかったであろう。他の指揮者のCDと聴きくらべると、「第五番」と「第七番」の曲としての偉大さは同じように表現されているが、バーンスタインのものはシベリウスの音楽に「没入」している具合が圧倒的なのである。

バーンスタインは、憑依型の指揮者といわれることもあり、マーラーやシューマンがその指揮振りに合っているようであるが、シベリウスの音楽、特に「第五番」と「第七番」には実にぴったりであると感じられる。

バーンスタインは、シベリウスの交響曲全集を一九六〇年代に、ニューヨーク・フィルで入れているが、当時のバーンスタインは、まだ最晩年の凄みにはほど遠いものがある。

例えば、「交響曲第二番」の一九六六年のニューヨークでの録音と、同じ「第二番」の八六年一〇月のウィーンでのウィーン・フィルとのライヴ録音とを聴き比べると、その違いは歴然としている。まず演奏時間が大分違う。第一楽章は六六年では、九分二十六秒なのに対して、八六年では、十分五十四秒もかかっている。以下、第二楽章は、十四分四十五秒に対して、十八分二秒、第三楽章は、五分四十二秒に対して、六分二十三秒、第四楽章は、十四分三十三秒に対して、十五分五十七秒である。全体では八六年のライヴは全体で、七分も長くなっているのである。「没入」の深さが、桁はずれなのである。

一九六六年の演奏は、あえていえばスタンダードなものにすぎないが、二十年後のライヴには、「魂」の感動がある。この二十年間に、バーンスタインに何があったのだろうか。ニューヨーク・フィルの音楽監督を退任して、ウィーンで活躍するようになるが、このウィーンとウィーン・フィルとの出合いが、切っかけの一つだったのは間違いない。

それにしても、バーンスタインは、ライヴが凄い。彼の個性が、ライヴに合っている。

一九八七年九月、八八年一〇月の「第五番」と「第七番」は、バーンスタインの死（九〇年一〇月）の、まさに二、三年前のものであり、鬼気迫るものがある。これまで実に多くのCDをこの二曲についても聴いてきたが、私はバーンスタインのこのライヴが、最高のものだというのを躊躇しない。

一九九九年の夏に、シベリウス論の準備としてフィンランドに行ったとき、ヤルヴェンパーのアイノラの家を訪ねた。この旅行を計画したときから、決めていることがあった。それは、シベリウスが長年暮らしたアイノラの家の林の中で、ヘッドホンステレオで「第五番」を聴くことであった。林の中に古い井戸があって、その石の上に腰かけて、聴くことができた。聴きながら上を見あげると、林の間から青空が見えて、まさに林の中に、大自然の中に「没入」していくようであった。そのとき持っていって聴いたのが、他ならぬバーンスタインのライヴのCDなのであった。

恐るべき独創

ホルスト・シュタイン

ドイツの指揮者ホルスト・シュタインの死を新聞の記事で知った。八十歳であった。

顔写真入りの記事で、その特徴的な風貌を懐しく思った。一九七五年(昭和五〇)からはNHK交響楽団の名誉指揮者となり、たびたび客演していたので、その映像をテレビで見たこともある。また、バンベルク交響楽団の音楽監督もしていたシュタインが、その交響楽団を率いて来日したときの演奏会が放映されているのを見たが、それもすばらしかったのを思い出す。

いずれにせよ、その風貌を、私はとても好きであった。カラヤンをはじめ、カルロス・クライバーなどのスター指揮者には、どう見てもなれない、この容貌を持った男は、そんな商業主義が蔓延しきったクラシック音楽界に対する一つの異議として存在しているように思われたからである。

風姿にとどまらず、その指揮から生まれる音楽も、バンベルクというドイツの古都の交響楽団にふさわしく、重厚な渋みを持ったものであり、派手さが受ける今日の時代の流行には合わなかった。

ヴァーグナーをはじめ、ドイツ音楽を得意としたのも当然だが、シュタインというと私はまず、フリードリヒ・グルダのピアノとシュタイン指揮ウィーン・フィルのベートーヴェンの「協奏曲第四番」を、名演中の名演として挙げたいのである。この両者によるベートーヴェンの協奏曲全集は、一九七〇年（昭和四五）に発売されたが、当時十七歳でクラシック音楽を聴きはじめたばかりであった私は、その中の第四番のレコードを聴いて、何かそれまで聴いてきた「名曲」群とは違うものを感じた。

それが何だったか、今にして思い返すと、ベートーヴェンの音楽の、恐るべき独創、生き生きとした新鮮さ、そしてグルダ、シュタインの演奏が、およそ考えられうる完璧さを達成していることへの感嘆であったようである。

ベートーヴェンの全五曲の協奏曲の中で、私はこの「第四番」が最も好きだが、この「第四番」は、逆説的にいえば、ベートーヴェンらしくないものなのである。

当時、いわばベートーヴェンらしい名曲をまず聴いていた私は、この曲に至ってベートーヴェンらしさなどを突き抜けた、ベートーヴェンの本当の独創を感じとったのである。

冒頭で、直ちにピアノが第一主題を呈示するところで、もう私は、あえていえば陶酔してしまう。何という独創であろう、大胆さであろう。こういう創造の力を見せられると、それだけで人間の精神の栄光を感じ、深く感動する。

グルダは、この協奏曲全集の三、四年前にベートーヴェンのピアノ・ソナタ全集を録音したが、この全集も屈指の名演として今日のこっている。

このグルダのピアノ・ソナタのレコードについては、小林秀雄、河上徹太郎、今日出海、三人の一九七一年（昭和四六）の鼎談の中で、次のように語りあわれている。

小林　（中略）君のところへグルダのベートーヴェン行ってるか。
河上　あるよ。
小林　おもしろいな。グルダ全部もってるかい……。
河上　ずいぶんある。ゆうべも聞いた。
小林　おもしろいな、ぼくは。
今　全集みたいなものが出たのか。
小林　ベートーヴェンのピアノ・ソナタの全集だ。
河上　ぼくはベートーヴェンの百一番と七十九番と聞いたんだ。
小林　グルダはベートーヴェンの初期のもののほうがいいんだよ。ああいうひき方は初めてだからね。傑作というものはあまりおもしろくない。つまらない曲のほうがおもしろいよ。少なくともグルダのよさがよく出ている……。

この辺の発言を見ても、小林の耳が、実にいい耳で、あえていえば「批評」的な耳であったことが分かる。少し先のところで、「あの人（グルダ）は、テンポやリズムに関して非常に鋭敏、純粋なものを持っていてね。それがベートーヴェンから、おやと思うような面白さを引き出して来るところに、大変惹《ひ》かれたのだよ」ともいっている。

この「テンポやリズムに関して非常に鋭敏、純粋なものを持って」いるという点では、シュタインも同様である。

このピアノ協奏曲を録音したとき、グルダは四十歳、シュタインは四十二歳。丁度、その才能と特徴が最も発揮できた年齢だったように思われる。グルダは、周知のように、そのあたりからジャズへ脱走した。グルダ、シュタイン、それぞれピークに達したときに、そしてウィーン・フィルがまだウィーン・フィルでありえたときに出会った奇蹟的な名演が、このベートーヴェンの「第四番」なのである。

苦難を通過して

リリー・クラウス

二〇〇八年は、往年の名ピアニストの一人、リリー・クラウスの生誕一〇〇年にあたり、それを記念して、全三十枚のCDから成る「リリー・クラウスの芸術」が発売された。

モーツァルトの演奏家として有名な、この女流ピアニストのCDを私は一枚も持っていなかったので、その機会に何枚か買って聴いてみた。

リリー・クラウスに関心を持ったのは、その二年前（二〇〇六年）に刊行された『リリー、モーツァルトを弾いて下さい』（多胡吉郎著、河出書房新社刊）を読んだことからであった。その中に、リリー・クラウスと先の戦争の関係が書かれていて、とても興味深かったのである。

一九四二年（昭和一七）三月、今村均中将指揮下の第十六軍が、蘭印（オランダ領東インド――現在のインドネシア）を攻撃し、わずか九日間でオランダ軍を降伏させた。

そのとき、リリー・クラウスは、彼女とデュオを組んでいたヴァイオリニスト、シモン・ゴールドベルクとともに演奏旅行中で、ジャワに滞在していたのである。二人は、戦争が終わるまで日本軍に抑留されるが、その苦難に満ちた生活やその抑留所での感動的な演奏会のことなどは、『リリー、モーツァルトを弾いて下さい』に詳しく描かれている。

同書の第一章には、今村均軍司令官とリリー・クラウスとの対面が、次のように書かれている。

一年ほど前、今村均軍司令官と面談した時の模様を、リリーは思い出した。軍司令部への出頭を言い渡されて、緊張と不安に胸を塞ぎながら出かけたのだった。

破竹の勢いでオランダ軍を駆逐し、ジャワを占領して統治する日本軍の最高責任者との会見である。どれほど強面《こわもて》の武人かと思いきや、現われた人物は、軍服こそ着ているものの、小柄で、温和な表情を崩さず、僧侶のような雰囲気を湛えていた。

今村軍司令官は、穏やかな、しかし確固たる口調で語った。

戦争が終わらぬ限りジャワからの出国はかなわないが、音楽活動には制限を設けない。ただ、演奏活動を保護する代わりに、条件をひとつ呑んでほしい。時には、オランダ旧政府の関係者やその家族が収容された抑留所で、慈善公演をしてもらいたい。抑留者にも慰問は必要だ……。

懐の広い発言は、予想もしないものだった。自分の身がどうなることか、極度に緊張を募らせていたこともあって、リリーには天の恵みのようにすら感じられた。

仁将、聖将と呼ばれた今村均軍司令官によるジャワ軍政は、八カ月で終わることになり、その後、待遇が悪化し、リリー・クラウス自身も抑留所生活を強いられることになる。

しかし、大東亜戦争のすべての局面を黒く塗りつぶすのもよくあるまい。たしかに戦争は悲惨極まりないものであるが、その中で「にもかかわらず」人間の偉大さを示した人もいたからである。今村均もその一人であった。

今村については、『責任　ラバウルの将軍今村均』（角田房子著、ちくま文庫）があって、今村の生涯、人柄をよく知ることができる。同書を読んで、私の心に特に印象深くのこったのは、次のようなエピソードである。

一九四四年（昭和一九）に、作家・野村胡堂は参謀本部の一将校の訪問を受けた。将校は「実はラバウルの司令官今村大将が、陣中で読みたいから内村鑑三全集を送れといってきました。発行所の岩波書店はじめ方々を探しましたが、入手出来ません。そこへ、金子少将から野村胡堂先生がお持ちだと聞きましたので、……いかがでしょうか、おゆずり願えますまいか」といった。

この全集は、東大在学中に病死した野村の一人息子の遺品で、最後まで愛読していたという。しかし、野村は渡すことにした。この全集は、参謀副長が飛行機で運んでいったが、途中で海に落ち、残念ながら今村の元には届かなかった。しかし、野村は「内村鑑三全集と今村均」というエッセーの中で「戦陣の中に、内村鑑三全集を読みたいと考えたその魂」が、今村の仁将、聖将としての言動の基だと書いた。

角田氏の本の中には、リリー・クラウスとのエピソードは書かれていなかったが、その対面も今村の人柄を証するものに加えられるであろう。

カール・バルトのいうように、モーツァルトの音楽は、たんに明るいのではなく、苦難「にもかかわらず」明るいのである。苦難を通過したリリー・クラウスのモーツァルトは、やはり「にもかかわらず」明るいものとして鳴っている。

さらば、美しきこの世よ！

イアン・ボストリッジ

イアン・ボストリッジが、レイフ・オヴェ・アンスネスのピアノで、シューベルトの歌曲を歌った二枚組のCDがある。アンスネスは、かねてより注目しているピアニストであり、ノルウェーのベルゲン出身の彼が弾くグリーグは、やはりすばらしい。

ボストリッジは、もうずいぶん前になるが、来日して、すみだトリフォニーホールでシューベルトの「冬の旅」だったかをやったことがあったと思う。まだ、それほど有名ではなかった頃である。

何かの用事で、そのホールの前を通りかかった私は、そのリサイタルのポスターに出ているボストリッジの顔を見て、何かこの男は只者ではないぞ、という直観を得た。

そのときは、リサイタルを聴かないで終ったが、それから数年経った頃、テレビでボストリッジが「冬の旅」を映像作品として歌っているのを見た。ボストリッジが、何か古くて荒れた家の一部屋の中を、歩きまわったり、すわりこんだりしながら、一人の孤独な青年を演じつつ、「冬の旅」全曲を歌っているという映像作品であった。

私は、たまたま見たらやっていたという感じであったのだが、思わず引きこまれた。シューベルトの「冬の旅」という古典が、まさに現在の一人の孤独な青年の歌となって、今日のものとして、アクチュアルに存在していたのである。

半年ほど滞英していたとき、ロンドンで、ボストリッジが出演している「ドン・ジョヴァンニ」が公演されるという広告を見かけて、早速申しこんだが、もう完売であった。ボストリッジは、もはや押しも押されもせぬ歌手になったのだな、と感じたことであった。

そのボストリッジは、アンスネスと組んでシューベルトの歌曲のCDを何枚か出しているが、それらの中から精選したのが、先に述べた二枚組のCDである。発売後間もなく入手したが、初めて聴く曲が多かった。しかし、それらもすぐれた曲で、シューベルトがこんなに傑作ばかり書いたことに改めて驚かされたものだった。

シューベルトの歌曲は、テノールが歌うべきだと、もともと私は思っている。ヘフリガーの「冬の旅」が好きなのもそれ故であり、そもそもシューベルト自身がテノールであったのである。私が、フィッシャー＝ディースカウをあまり好まないのは、バリトンでは、シューベルトの歌曲に強くある「青春」がよく表現されないと思うからである。

シューベルトの歌曲にあるのは、「青春」の絶望であり、夢であり、悲しみである。「青春」の恋愛であり、希望である。すべて「青春」のものなのである。それを表現するには、テノールが向いているのである。

オックスフォード大学コーパス・クリスティ・カレッジで歴史学を学んだ、このボストリッジという「知性派」の歌手の、シューベルトの歌曲の選択と並べ方は、やはり只者ではない。ピアノ曲の断章（未完）が二曲入っているのも絶妙である。

そして、最後の第十六トラックに（ということはこの二枚組の作品集の結論とボストリッジは考えたということである）、「別れ─美しきこの世よさらば

D八二九」が入っている。

もちろん、私はこの作品を聴いたことがなかった。だから、CDを聴いていて、最後にこの曲になったとき、びっくりしてしまった。この曲は、歌わないのである。ボストリッジは語る。ピアノの伴奏の上に、ただ語っていくのである。ピアノ曲の「アンダンティーノハ長調（断章）D三四八」が、未完の故に何か途切れたように終ったあとに、この語りの曲がつづくのは実に感動的である。

一瞬、私は、シューベルト自身が語りだしたのかと思った。それほど、ボストリッジは、シューベルトになりきっているようである。あの映像作品におけるボストリッジを思い出した。

ボストリッジ＝シューベルトは、次のように語るのである。

さらば、美しきこの世よ！
お前を理解することができる喜びと悲しみが
私たちから遠ざかった今となって。

詩は、プラトベヴェラによるもので、この第一連のあと、四つの連がつづくのだが、その第四連は、次のように終る。

そして、人生は輝かしく幸福なものとなるでしょう
すべての悲しみは優しく微笑み喜びはその胸に抱きしめるでしょう
純粋で安らかな心を。

この曲が作られたのは、一八二六年、死の二年前である。「さらば、美しきこの世よ！」というボストリッジの思いのこもった声は、シューベルトの肺腑からの声に他ならない。

手負いの武者

ヨーゼフ・シゲティ

ヘンデルがのこした実に多くの作品の中で、とても気に入っている曲は、「ソナタニ長調」である。オラトリオやオペラなどの大作よりも、この演奏時間が十五分に満たない、小さな曲にヘンデルの本質が最も緊密な形で凝縮されているように思われるからである。

この「ソナタニ長調」といっても、特にヴァイオリニストのヨーゼフ・シゲティが演奏したものが好きなのである。

「あらえびす」の名著『名曲決定盤』でも、このヘンデルの、シゲティの演奏によるSPレコードについて触れていて、「ヘンデルのソナタ中の絶品」と評されていた。

この「絶品」をぜひ聴きたいものと久しく思っていたが、二〇〇〇年に、SPレコードをCD化している「オーパス蔵」から出たシゲティの「ヴァイオリンソナタ・小曲集」の一曲目に、このソナタニ長調が入っていて、やっと聴くことができた。

たしかにこれは「絶品」である。第一楽章アダージョの出だしからして、もう心とらわれる。何という、気高さであろう。深い精神のあらわれであろう。それでいて、清冽な悲しみが流れている。何か上方への切々たる訴え、祈りも折々あらわれる。それに、深々とした諦念も滲みこんでいる。

第二楽章アレグロの、淀みない快活さ、ギリシャ的な明るさ、健康な精神、そして第三楽章ラルゲット（ヘンデルの特徴的な速度標語がラルゴである とは第一部の「ヘンデル」のところで指摘したところである）の格調の高い、誇りに満ちた感情の悲しいまでの美しさ。

昔、歌舞伎の好きな知人と話しているとき、その人は、歌舞伎の中で最も美しいと思い、好きなのは、手負いの武者だといった。この第三楽章のラルゲットの美しさは、この手負いの武者のようである。鎧《よろい》を着た堂々とした武者ではない。戦で奮闘し、傷を負った武者である。そういう手負いの武者の悲痛さが、この楽章の音楽には感じられるのである。

そして、第四楽章アンダンテの、行進曲のような堂々とした歩み、着実な足どり。このソナタニ長調には、まさに精神の貴族主義が鳴っているといってもいいいであろう。

このような精神の貴族主義の曲を演奏するのに、シゲティほどふさわしいヴァイオリニストはいない。ハルトナックの『二十世紀の名ヴァイオリニスト』（白水社刊）には、シゲティについて、「クライスラーやアウアー派の人びとの音は、シゲティがまったくかかわりをもたない精神領域から生じてきたものである。官能的な露出趣味は、彼にはまったく無縁のものであった。ヴァイオリン演奏にあらわれている彼の感覚は、官能的な領域ではなく精神の領域に、音楽上の審美主義に根づいているものであった」と書かれている。

このヘンデルのソナタニ長調が大変気に入ったので、ヤッシャ・ハイフェッツのものも買ってみた。しかし、シゲティの方がはるかにすばらしい。というよりもやはり、この曲にもシゲティの精神主義が合っているのである。

ハイフェッツは、あえていえば、うますぎる。うますぎるということは、手負いの武者ではないということである。よく技術的に下手であるといった悪口をいわれることがあるが、シゲティは、いわば手負いの武者であることに理解がいきとどかない浅見にすぎない。シゲティがいわば手負いの武者であることに理解がいきとどかない浅見にすぎない。

現代という時代は、「官能的な領域」が肥大化し、世をおおっている時代である。一方、「精神の領域」はほとんど消えかかっていこうとするような危機の中にある。政治上の民主主義は結構だが、精神上においては貴族主義が大切なのではないか。

哲学者の西田幾多郎について、弟子で西洋史学者の鈴木成高《しげたか》が興味深い話を伝えている。鈴木が評論家の粕谷一希に語ったものだが、粕谷氏によると、鈴木成高と西田幾多郎が京都の四条河原町の繁華街でバッタリ会ったとき、西田は懐からおもむろにC・ドーソンの原書をとり出し、「鈴木君、ドーソンは民主主義は万人のための貴族主義でなければならないといっているんだよ」と興奮した面持ちで語って、周囲の雑踏を忘れているかのようだったという。もちろん、戦前の話である。

「戦後民主主義」が衆愚政治に堕しつつある今日、精神の貴族主義こそ復活されなくてはならない。そのためには、例えは、シゲティのヘンデルを聴くことである。精神の貴族主義は、今日の日本においては、手負いの武者の悲しみを抱いた日本人によって体現されるしかないことが分かるであろう。「戦後民主主義」の中では、精神の貴族主義者は手負いの武者とならざるを得ないからである。

埃もとどめぬ

シモン・ゴールドベルク

二十世紀の大ヴァイオリニストの一人、シモン・ゴールドベルクは、二〇〇九年が生誕一〇〇年にあたり、それを記念して、いろいろとCDが出た。私も「シモン・ゴールドベルクの遺産」と題した五枚組のCDを購入した。

しかし、他のことにまぎれて、そのCDをあまり聴かないうちに月日が過ぎてしまったが、その後、『二十世紀の巨人　シモン・ゴールドベルク』(ゴールドベルク山根美代子著、幻戯書房刊)という本が出たので、読んでみた。なかなか面白かった。

ゴールドベルクというと、私はリリー・クラウスとのデュオをすぐ思い出す。それと、大東亜戦争のとき、演奏旅行の途中、ジャワ島にクラウスと一緒にいて、日本軍により軟禁されたという歴史的事実が印象にのこっていた。

ゴールドベルクのCDは、それほど愛聴するということもなかったが、この本でゴールドベルクの生涯を知って、その音楽にも興味が湧いた。

一九〇九年にポーランドにユダヤ系として生まれたゴールドベルクは、わずか十九歳でフルトヴェングラーに請われて、ベルリン・フィルのコンサートマスターに就任した。その後、ナチスのユダヤ人迫害によりドイツを脱出。ホロコーストにより家族と祖国を失い、世界各地を演奏して回る。戦後、ジャワ島から解放されてからは、ヨーロッパを拠点に演奏活動を再開し、晩年は、日本にたびたび来て、音楽の指導や演奏活動をする。

一九八八年、七十九歳で日本のピアニスト、山根美代子と結婚。九三年、八十四歳で滞在先の富山で死去。東京・音羽の護国寺にある山根家墓所に眠っている。まさに、流転の生涯であり、激動の二十世紀を生きた人といっていいであろう。

しかし、このような過酷な苦難の人生を送ったゴールドベルクであるが、その演奏は、そのような暗さを感じさせないものであった。

「あらえびす」の『名曲決定盤』の中では、若き日のゴールドベルクの演奏について「ゴールドベルクの特色は、その若さと聡明さである。あくまでも冷たく鋭い美しさが、ゴールドベルクの演奏を、埃《ほこり》もとどめぬ玲瓏《れいろう》たるものにしている」と評されている。そして、塩入亀輔という人が、これを形容して「冷美」といったと書かれている。

この評伝を読むと、この「冷美」の秘密に触れたエピソードがあって、面白く思った。それは、ジャワ島で、日本軍がゴールドベルクの住居に入って来て、日本刀を振り回し、勉強机の上の書物や楽譜を切り散らかしたときのことであるが、妻のマリアは気を失わんばかりに怯え、使用人はどこかへ逃げ去ってしまったのに、「自分は恐ろしいと思うより、日本刀を初めて見て〈ほぉーこれはなんと美しい刀だ〉と見とれてしまった。そういうところがどうも、やはり少しおかしいのかもしれないね」とゴールドベルクが語ったというのである。

著者は、このエピソードの他に、収容所生活中に、数学に興味があったゴールドベルクがあるとき代数の問題に熱中していて、折から警報が鳴ったにもかかわらず、防空壕に避難して来ないので、人が助けようと戻ったところ、ゴールドベルクが「あと二分あれば問題が解けそうなのですぐ行く」といって皆があきれたという話をあげて、これらのエピソードは、ゴールドベルクという人の精神構造を鮮やかに描きだしている、と書いている。

ゴールドベルクの「埃もとどめぬ玲瓏たる」演奏は、たしかにこのような精神に由来しているに違いない。生涯の苦難など、音楽に集中するとき、彼にとって「埃」ですらなかったのである。

このようなゴールドベルクがハイドンのヴァイオリン協奏曲の真価の発見者であることはよく納得できることである。ハイドンこそ、「埃もとどめぬ玲瓏たる」音楽そのものだからである。

本書には、「ゴールドベルクというとモーツァルトと結びつけてしまいがちですが、ハイドンのこのハ長調のコンチェルトこそ、ゴールドベルクを通じて、初めて人々がその作品の真価を知るようになったと言われているのだそうです」と書かれている。ゴールドベルクの宿命的作品はハイドンに他ならない。

「特に、この曲のゴールドベルクの演奏を聴いた人が強烈な印象として心に刻み込むのは、第二楽章のヘ長調の冒頭の美しさのようです。たった一オクターヴの音階でありながら、しかしそのたとえようもなく壮麗な無限の広がりに、誰もがゴールドベルクの芸術の真髄を聴く思いをもつのでしょう」と著者は書いているが、前述の五枚組CDの二枚目にこのハイドンのヴァイオリン協奏曲が入っている。たしかに、その第二楽章のアダージョの冒頭の美しさは、「埃もとどめぬ玲瓏」さの極致である。

沈黙の価値

カラヤンとグールド

二〇〇八年は、ヘルベルト・フォン・カラヤンの生誕一〇〇年ということで、さまざまな特集でとりあげられ、CDも沢山売りだされた。その中で最も話題になったものの一つは、グレン・グールドとの協演のCDであった。一九五七年五月二六日のライヴ録音で、曲目は、ベートーヴェンの「ピアノ協奏曲第三番」である。

そして、このCDには、当日演奏されたシベリウスの「交響曲第五番」が入っている。このカラヤン指揮ベルリン・フィルによるシベリウスは、歴史的演奏といってもいいもので、というのは、自分の演奏が終った後にこれを聴いたのが、グールドがシベリウスに開眼した決定的事件だったからである。

カラヤンは、シベリウスを得意としたが、これを聴いたグールドは、「グレン・グールド、グレン・グールドについてグレン・グールドにきく」と題した、いかにもグールドらしい、架空のインタビューの中で、「何年も前のことですが、たまたまベルリンにいたときに、ヘルベルト・フォン・カラヤンがベルリン・フィルを率いて、かれらとしては初めてシベリウスの第五番を演奏したのです」と回想している。そして、「それは、率直に言って音楽的、劇的体験としてわたしの人生で真実忘れられないものの一つとなったのです」とつづけ、「シベリウスの五番なくしては生きられないでしょう」とまで告白している。

ベートーヴェンの「ピアノ協奏曲第三番」の方は、やはりグールドらしい演奏で、特に第二楽章ラルゴの歌い方は、グールドならではのものであろう。

しかし、このCDで最も印象深いのは、解説書に載っている二人の写真である。グールドが少し腰をかがめて、すわっているカラヤンに向かい合っている。カラヤンのグールドを見あげている眼がとてもいい。その眼は、解説書の表紙のものよりも、中の方に入っている、グールドがピアノに手をついているもののほうが、さらに表情豊かかもしれない。

この眼は、現に天才というものが眼の前に存在していることに対する驚嘆に満ちている。このとき、グールド二十五歳、カラヤン四十九歳。五十歳になろうとしている人間が、二十歳以上年下の人間に、このような讃嘆の眼を向けるということは極めて稀なことである。

それは、グールドの天才を証しているばかりではなく、カラヤンという人間の上質さもあらわしている。カラヤンという人間の本質は、極めて意識的に撮らせた写真よりも、このようなスナップ・ショットの方に出ているのかもしれない。ここには「帝王」の仮面をかぶっていない音楽家が、たしかにいる。

それにしても、この半世紀前のコンサートのライヴ録音を聴いて気づくのは、演奏終了後の拍手の穏かなことである。シベリウスの後には、しばし沈黙がある。昔はみんな、こんなものだったのだろう。今日の、ブラヴォー、といった胴間声の乱発や、騒がしく鳴りつづける拍手などは、ここにはない。

グールドがコンサートで弾くのをやめたのは、このライヴの七年後の三十二歳のときのことだが、この程度の拍手でもグールドは苦痛だったに違いないから、今日のような野蛮な騒音のような拍手を浴びたら、神経を病んでしまったかもしれない。

クナッパーツブッシュの或るライヴを聴いたとき、演奏後、しばらく沈黙がつづいたのであった。聴衆は、圧倒されてしまったに違いない。すぐに拍手などできない。ふと我に返って、拍手が鳴った。フルトヴェングラーのライヴでも、それと似たようなことが起きているものがあった。

それが、今日のように、演奏が終った瞬間に大きな拍手が鳴るというようなことになったのは、いつからのことであろうか。私などは、演奏の余韻をかみしめていたい方なので、会場の騒音で、心の中の沈黙をかき乱されるのがとても苦痛である。コンサートにはあまり行かず、家でCDを聴くのが好きな理由の一つは、これである。

小林秀雄は有名な『モオツァルト』の中で、次のようなことを書いている。

美は人を沈黙させるとはよく言はれる事だが、この事を徹底して考へてゐる人は、意外に少いものである。優れた芸術作品は、必ず言ふに言はれぬ或るものを表現してゐて、これに対しては学問上の言語も、実生活上の言葉も為す処を知らず、僕等は止むなく口を噤《つぐ》むのであるが、一方、この沈黙は空虚ではなく感動に充ちてゐるから、何かを語らうとする衝動を抑へ難く、而《しか》も、口を開けば嘘になるといふ意識を眠らせてはならぬ。さういふ沈黙を創り出すには大手腕を要し、さういふ沈黙に堪へるには作品に対する痛切な愛情を必要とする。

今日の騒がしい拍手は「沈黙に堪へる」ことができないからであり、それは「作品に対する痛切な愛情」がないことから来ているのであろう。

存在の寒さ

グレン・グールド

若い頃、私もグールドを愛聴した。今でも折に触れ、CDをかけるが、聴くたびにこの人は本当に天才だったと思う。今日までこのようなピアニストは現れていないし、今後も出現しないであろう。

このところ、グールドのCDでは、バードとギボンズの作品集をよく聴くようになった。それにしても感心するのは、グールドの曲目を選ぶ批評的センスのよさである。シベリウスのピアノ曲集やハイドンのソナタ集、あるいはベートーヴェンの交響曲のリスト編曲版など、独創的な選択眼といっていい。

バードとギボンズの作品集もユニークな一枚であり、私はグールドのCDを聴くまで、この二人の英国の作曲家の名前さえ知らなかった。バードは一六二三年に、ギボンズは一六二五年に死んでいるから、バッハ以前の音楽家である。グールドはこのCDの解説として執筆した文章の中で、「本盤が取り上げたこの北の巨匠二名は、比類なき不滅の英国風保守主義によって束ねられる」（宮澤淳一訳）と書いている。

夥しいグールド論の中で、私はミッシェル・シュネデールの『グレン・グールド　孤独のアリア』（筑摩書房刊）が最もすぐれたものだと思っている。シュネデールが、グールドにとって最愛の作曲家はバッハであったというのは実は正しくないと書いているのを読んで、ハッとした。グールドが愛したのはギボンズとシベリウスで、それは「寒さ」のためだという。

この「寒さ」は、たんに「北」の作曲家だからではなく、何か「存在」の「寒さ」とでもいうべきものであろう。このCDをよく聴くようになったのは、この「寒さ」に深く心ひかれるからだが、聴いていてふと、中原中也の絶唱「冬の長門峡」を思い出すことがある。

長門峡に、水は流れてありにけり。
寒い寒い日なりき。

われは料亭にありぬ。
酒酌みてありぬ。

われのほか別に、
客とてもなかりけり。

水は、恰《あたか》も魂あるものの如く、
流れ流れてありにけり。

やがても蜜柑《みかん》の如き夕陽、
欄干にこぼれたり。

あゝ！　――そのやうな時もありき、
寒い寒い　日なりき。

グールドが地上に「存在」した五十年間の日々も、「寒い寒い日」だったに違いない。

伝統を若返らせる

カール・シューリヒト

カール・シューリヒトという「知る人ぞ知る」指揮者のことを、かつて私は「使徒」的指揮者と呼んだことがある。フルトヴェングラーが「天才」的指揮者と称すべき人物なのに対して、シューリヒトは対極的な存在だといいたかったのである。シューリヒトはかねてより敬愛している巨匠であり、これまで何回も論じてきた。

その「特愛」の指揮者であるシューリヒトについては、『大指揮者カール・シューリヒト　生涯と芸術』（ミシェル・シェヴィ著、アルファベータ刊）がある。恐らくシューリヒトについての評伝としては随一のものであろう。シューリヒトを敬愛する者の一人として、こういう本があることはとてもうれしい。ハイドンの交響曲の深さ、魅力に開眼させてくれたのは、他ならぬシューリヒトの演奏であった。

シューリヒトというと、まずブルックナーであり、さらにはベートーヴェン、モーツァルト、シューベルト、ブラームス、シューマンといった作曲家の交響曲の名演が知られているが、私はハイドンの演奏は、忘れてはならない重要な遺産であると思う。

シューリヒトのハイドンは、三曲、CDで聴くことができる。第八六番ニ長調、第一〇〇番ト長調「軍隊」、そして第一〇四番ニ長調「ロンドン」である。

第八六番は、北ドイツ放送交響楽団と一九六一年、第一〇〇番は、南ドイツ放送交響楽団と六〇年、第一〇四番は、フランス国立管弦楽団と五五年の演奏である。

一八八〇年生まれで、一九六七年に八十七歳の高齢で死んだシューリヒトが、これらのハイドンを指揮したのは、七十五歳から八十一歳ということになる。前述の本の中にも「若い心を持つ老紳士」といういい方があり、「シューリヒトは七十歳を超えた若者で、常に新しい称賛と驚きによって甦る存在である。その演奏から感じられるのは、まさしく信じられないほどの若さ、力、瑞々しさである」という当時の批評が引用されている。この三曲の録音からあふれ出てくるのは、まさにこの批評の言葉通り、「信じられないほどの若さ、力、瑞々しさ」に他ならない。

私がシューリヒトのハイドンでびっくりしたのは、十数年前に聴いた第一〇四番「ロンドン」が最初であった。シューベルトの「未完成」にはシューリヒトがウィーン・フィルを振った名盤があって、私の愛聴盤の一つであるが、この曲をフランス国立管弦楽団と入れたものがあった。このレコードを買ったとき、B面にハイドンの「ロンドン」が入っていたのである。

それまで、ハイドンについては、何となく平板で、深みに欠けた作風のように思っていて、ほとんど聴いたことがなかったが、このシューリヒトの「ロンドン」を聴いてびっくりした。実にいきいきとした、深みと魅力をたたえた音楽であった。

ハイドンを再発見したように思い、ハイドンの交響曲をもっと聴きたくなって、カラヤンの「ロンドン」セットのCD五枚組を買ってきた。早速、交響曲「ロンドン」を聴いたが、驚いた。全く違うのである。シューリヒトのときに感じた魅力がなく、やはりハイドンはシューリヒトの指揮のような例外を除けば、平板な音楽のように聴こえてしまうのかも知れないと思った。もう他の曲を聴く気がなくなった。ずいぶん、無駄な散財であった。

第八六番も、シューリヒトの手にかかるとすばらしい。この評伝の中に、クロード・ロスタンという人の批評が引用されている。一九六二年のウィーン・フィルとの演奏会についてのものである。

カール・シューリヒトは現在最古参といえる指揮者である。もっと正確にいうならば、十九世紀末の敬意を表すべき偉大な伝統を今もなお継承している大指揮者世代の最後の生き残りである。ヴァインガルトナー、フルトヴェングラー、そしてブルーノ・ヴァルターがすでに鬼籍に入って以来、八十二回目の春をむかえたシューリヒトは、今日、古典的な性格を引き継いだ交響曲のスタイルとその演奏原理を私たちの目の前に届けてくれる唯一の人物である。いわゆる「新しい波」を体現する指揮者で、その中心であるカラヤンのような人物と比べても、カール・シューリヒトは断じて古めかしくなどなっていないのである！

そして、この第八六番の演奏については「なんという生命感、なんという知性、なんという感受性、なんという力強さであろうか。まったく残念なことに、ほとんど演奏されることのない、このハイドンの交響曲第八六番が体現しているものは！」と驚嘆しているが、このような曲を「甦」らせるのが、シューリヒトの真骨頂であろう。

そして、同書には第一〇〇番「軍隊」については、「光り輝く」ような演奏であり、「泉からじかに飲む清水のように爽やか」であったとの批評が引用されている。この「泉からじかに飲む清水」という表現は、シューリヒトという「使徒」が聴く者に与えてくれる恩恵を的確にいいあらわしている。

また、私が愛聴するCDに、シューリヒトがベルリン・フィルを指揮したライヴのCD二枚組がある。一九六四年一〇月八日の演奏で、八十四歳のときのものである。曲目は、シューマンの序曲「マンフレッド」、モーツァルトの交響曲第三八番「プラハ」、そしてベートーヴェンの交響曲第三番「英雄」である。

この二枚組CDは、英国のテスタメントレーベルから出たが、その解説書の中に、シューリヒトの発言が引用されている。一九五六年、シューリヒト七十六歳のときのものであるが、その中で、若い頃、R・シュトラウス、マーラー、ブルックナー、ドビュッシー、レーガー、ストラヴィンスキー、シェーンベルク、ラヴェル、ディーリアス、バルトーク、ヒンデミット、オネゲルなど、当時まだ大きな議論を呼んでいた「現代作曲家」たちの作品に注力していたが、今では「I am an exponent of an old tradition. I have nothing against the music of today, but I feel it is important to rejuvenate the sense of tradition.」と言っている。

この「rejuvenate」、若返らすというのがシューリヒトの奥義なのである。「old tradition」の演奏者であるが、その古い伝統の「sense」を若返らすことができる人なのである。

シューリヒトが得意とする「プラハ」を聴いていると、この「rejuvenate」の深さがよく伝わってくる。これが、八十四歳の人間によって行われているという逆説が、大事なのである。

このCDの解説書に載っているシューリヒトの写真は、三枚ともすばらしいが、裏表紙に使われているものは、私は初めて見るように思う。これは特に感銘深いものである。この老人の叡智に満ちた顔を見よ、この澄んだ眼の生き生きした光を見よ、これが表層的な若々しさではなく、深い生命感をもって古典の伝統を「rejuvenate」できた人の風貌なのである。伝統を墨守している固陋《ころう》な老人ではない。

シューリヒトについては不思議な経験がある。半年間英国の中世の古都カンタベリーに滞在していたとき、冬にスイスのチューリッヒから鉄道でイタリアのルガーノまで乗って行ったことがある。夕暮れにルガーノの手前のコモ湖の駅に着いたとき、私は一瞬、プラットホームにシューリヒトが外套を着て立っているような幻覚に襲われたのである。シューリヒトが晩年住んだレマン湖畔の風情を、どこか思い出させたからかもしれない。

爆発と透明

シューリヒトとクナッパーツブッシュ

ハイドンの交響曲第八八番ト長調「V字」、R・シュトラウスの交響詩「死と変容」、ブラームスの交響曲第三番へ長調、そしてヴァーグナーの「ジークフリート牧歌」が入ったクナッパーツブッシュのCD二枚組がある。前の三曲が一九五八年、ヴァーグナーのが四九年のライヴであり、オーケストラはすべてウィーン・フィルである。

私はこれで、クナッパーツブッシュが指揮したハイドンを初めて聴いた。ブラームスの三番やヴァーグナー、R・シュトラウスは聴いたことがあったが、ハイドンは初めてであった。

シューリヒトとクナッパーツブッシュという二人の指揮者ほど、興味深い対比はない。シューリヒトがとても紳士的な人柄だとすると、クナッパーツブッシュは、たとえていえば、別格官幣社のような人物である。

この「V字」のCDは、面白いことに、「拍手」が最初のトラックに入っている。クナッパーツブッシュは、なんと、拍手が終わらないうちに、演奏を始めているのである。そういう儀礼的なことを嫌う性格からのことだが、今日のもっともらしいコンサートに慣れてしまっている現代人には、かえって痛快であり、新鮮である。クナッパーツブッシュとは、恐らく、聴衆のために指揮した人ではなく、音楽の神に向かって演奏した指揮者である。聴衆の拍手なぞ必要ないのである。めんどうくさいだけなのである。

この二人の指揮者が対比的でありながら興味深いのは、ブルックナーの演奏において極めてすぐれていたという共通点を持っていたことである。

そもそも、ブルックナーの交響曲という、ある意味で奇怪で、冗長ともいえる音楽の真髄を私に初めて教えてくれたのは、シューリヒトの演奏であった。特に、第九番の第二楽章スケルツォで、これを聴いてブルックナーが分かったように思った。このスケルツォをシューリヒトは、何といきいきと、きびきびと演奏したことであろうか。

それから、シューリヒトの不滅の名盤、ブルックナーの第八番、第七番などを聴いて、ブルックナーの音楽にますます親しんでいった。

一方、クナッパーツブッシュには、周知の通り、ブルックナーの第八番をミュンヘン・フィルと入れた名盤がある。シューリヒトの第八番は、ウィーン・フィルとのものだが、この二つの第八番は、甲乙つけ難い名演である。

ここで面白いことは、両者の演奏スタイルが対極にあることで、それはクナッパーツブッシュが、ヴァーグナーを得意とした人であり（それはこの二枚組CDの最後に入っている「ジークフリート牧歌」を聴くと、この曲は本当にクナッパーツブッシュでしか聴けないな、とあらためて思うほどであるが）、シューリヒトがモーツァルトに名演をのこした人であるから、当然違うのである。

クナッパーツブッシュのブルックナーは、フォルティッシモのところで、音楽はその全き姿をあらわし、何か自然そのものが爆発するかのようである。一方、シューリヒトの方は、音楽が高揚してくるにつれ、シューリヒトは透明になっていく。消えていくのである。そして、ブルックナーの音楽が、演奏されているのではなく、何か自然に鳴っているかのように聴こえだす。そのとき、ピアニッシモの中にブルックナーがいるのである。

シューリヒトのハイドンも、クナッパーツブッシュのハイドンも、どちらもすばらしい。ハイドンの世界の奥深さが、この対比的な指揮者によって浮き彫りにされている。ますますハイドンが好きになってきた。

郷愁の詩人

ジャン＝マルク・ルイサダ

このところ、ジャン＝マルク・ルイサダのマズルカ集を繰り返し聴いている。

ショパンの音楽の中では、私は特にマズルカが好きである。世上云々されているショパンというもの、そういうショパンにからみついている、いわば「ショパン」的なもの、私はこれが嫌いである。

ショパンの曲の中で、マズルカが、そういう「ショパン」的なものの臭みで汚されることが最も少ないように思われる。いってみれば、マズルカのショパンが、「裸形」のショパンである。

この「裸形」というのは、スタンダールがモーツァルトについて語った評語で、小林秀雄がその『モオツァルト』の中で引用したことで、我国でも有名になったものである。

スタンダールの「哲学上の観点から考へれば、モオツァルトには、単に至上の作品の作家といふよりも、更に驚くべきものがある。偶然が、これほどまでに、天才を言はば裸形にしてみせた事はなかつた。この嘗《かつ》てはモオツァルトと名付けられ、今日ではイタリイ人が怪物的天才と呼んでゐる驚くべき結合に於いて、肉体の占める分量は、能《あた》ふ限り少かつた」という名言について、小林は「僕には、この文章が既に裸形に見える」と書いた。このような意味での「裸形」という言葉を、私はマズルカのショパンにあてはめたいのである。

私が最初の音楽批評ともいうべき「ショパンの寒さ」という短いエッセイでその冒頭に「ショパンのピアノの音は寒い。実に寒い」と書いたのは、この「裸形」に通じるのである。

ルイサダはマズルカ集の解説書の中で、「僕にとって『マズルカ』というのは、日本の俳句のような、一葉のスナップ写真の数々なんだよ」と語っている。

また、「モーストリー・クラシック」誌（二〇一〇年六月号）の特集「パリとショパン」の中で、ルイサダは次のように語っている。

つい先ごろショパンのマズルカを録音しましたが、これも長年磨き上げてきたもの。ショパンの作品のなかには奏者が成熟しないと弾けないものがいくつかあります。「舟歌」がそうですね。マズルカも昔から弾いていますが、いまようやく納得のいく演奏にたどりついた。これはとても難しい作品で、短いなかであらゆる表現をしなくてはなりません。私は常々日本の俳句のようだと感じているんですよ。短いなかでしっかりした構成と内容を表現しなくてはならないわけですから。ショパンはポーランドのルーツに根差したこの音楽で自己を強烈に描き出し、祖国愛を表現し、晩年まで書き続けた。その深い思いがようやく私のなかで理解でき、熟成したのです。

私は、こういう風に語れる、頭のクリアなピアニストが好きである。グールド然り。ウゴルスキ然り。ルイサダも、今後、注目していきたいピアニストの一人である。

ルイサダは、ショパンの「マズルカ」は、俳句のようだという。実に面白い。

この発言を読んだのが切っかけとなって、ルイサダのCDを繰り返し聴きながら、俳句の中で、どのようなものに通じるであろうかといったことをぼんやりと考えていた。

そうしているうちに、ふと、これは蕪村ではないかと思いついた。それは、「マズルカ」の中でも、私の「特愛」の曲である、「四つのマズルカ作品一七」の最後の曲、「第一三番イ短調作品一七―四」を聴いているときに、「愁ひつつ丘に登れば花茨《いばら》」という蕪村の名句が思い浮かんだからであった。

ルイサダは、「祖国愛」といっているが、「祖国」に対する「郷愁」という表現の方が、ショパンにはふさわしいように思う。

「郷愁」といえば、萩原朔太郎の『郷愁の詩人　与謝蕪村』が思い出される。朔太郎は、この「愁ひつつ丘に登れば花茨」について次のように書いている。

「愁ひつつ」といふ言葉に、無限の詩情がふくまれて居る。無論現実的の憂愁ではなく、青空に漂ふ雲のやうな、または何かの旅愁のやうな、遠い眺望への視野を持った、心の茫漠とした愁である。そして野道の丘に咲いた、花茨の白く可憐な野生の姿が、主観の情愁に対照されて居る。西洋詩に見るやうな詩境である。気宇が大きく、しかも無限の詩情味に溢れて居る。

こういう「西洋詩の香気を強く持った蕪村独特の句」を、「西洋」音楽のショパンの曲に連想したとしても、それほどおかしくはあるまい。ともに「郷愁の詩人」だからである。もう一つ、マズルカで思い出す蕪村の名句を挙げておこう。

花茨故郷の道に似たる哉《かな》

他界を垣間見る

エルンスト・ヘフリガー

エルンスト・ヘフリガーは、二〇〇七年三月一七日、スイス東部のダボスで死去した。八十七歳。この死亡記事を新聞で見たとき、年齢的に或る程度予想していたこととはいえ、深い悲しみを覚えた。

というのも、ヘフリガーは私が最も畏敬の念を抱いていたテノールであり、その名唱は人生の途上において、その時々に、私の心に深く響いたからである。

カール・リヒターの指揮する「マタイ受難曲」や「ヨハネ受難曲」でヘフリガーが歌った福音史家（エヴァンゲリスト）は、空前絶後といっていいであろう。他の歌手と相対的に比較することなどできはしない。何か絶対的な高みに達しているからである。

シューベルトの「美しき水車小屋の娘」「冬の旅」「白鳥の歌」もすばらしい。これらの、いわばロマン主義の音楽においても、歌っているのはやはりエヴァンゲリストなのであり、そこから深々とした宗教性が立ち昇って来るのである。

親日家のスイス人であったヘフリガーが晩年に録音した、日本の歌曲をドイツ語訳で歌ったものも、とてもよかった。「荒城の月」とか「この道」とかが、ドイツのリートのように聴こえて来たことであった。

しかし、これらの名演以上に、私の記憶に深く刻まれているのは、三十代前半シューベルトに没入していた頃に、繰り返し聴いていた「シューベルトのゲーテ歌曲集」のレコードである。

このレコードは最初の二曲が「さすらい人の夜の歌そのI」（D・二二四）、「さすらい人の夜の歌そのII」（D・七六八）となっていた。ジャケットの裏には、「そのI」が一分四十二秒、「そのII」が一分五十八秒と書いてあった。合計三分四十秒である。

三十六歳のときに自費出版したシューベルト論の中で、私は、この合計三分四十秒の音楽的時間が「一時期、僕の生活の中の頂点だった。二十四時間の一日の中で、その平板な一日の時間の中で、それを突き抜ける三分四十秒であった」と書いた。

たしかに、この二曲は異様に深い音楽であり、何か途轍もなく重いものを背負った歩みのようなリズムである。シューベルトの本質の全てが凝縮されているような曲といってもいい。ヘフリガーしか歌えまい。

そして、私はその当時の経験について「こんな短い曲を聴いていると、何故か逆に永遠という言葉が思い浮かべられてくるのである……」と結んでいるが、こんな風にヘフリガーを聴いていたときから、もう三十年ほどが経った。仕事も環境も変わった。しかし、「さすらい人」であることは何も変わっていないような気がする。

二〇〇六年五月に父を失った。九十一歳であった。年齢的には不足はないのだが、悲しみは若く死んでも天寿を全うしたといえる年齢で死んでも何ら変わらないものであることを思い知った。

中村光夫が書いていた小林秀雄最晩年のエピソードを思い出したりした。小林は、或るスピーチで、近頃の自分には命のほかに惜しいものはない、命ほど惜しいものはない、と語ったという。その小林の真率な物言いに、中村は感銘を受けたようである。普通、「偉い」人は人前でこんなことは言わないものである。しかし、「死ほど悲しきものはなし」としていた本居宣長について長く執筆していた小林は、正直にそう語ったのであろう。今では、この気持ちはよく分かるようになった。

深夜に亡骸を実家に運んだあと、自宅に戻ってくると、何か無性に音楽を聴きたくなった。そのとき、頭に浮かんだのはシューベルトの「美しき水車小屋の娘」であった。モーツァルトやフォーレの「レクイエム」、あるいは葬送行進曲のたぐいではなかった。そのような曲を思いつくのが自然のような気がするが、何故か「美しき水車小屋の娘」であった。これは意外で、自分でも少し驚いた。

エルンスト・ヘフリガーによる「美しき水車小屋の娘」を私は昔、何べんも聴いたものだった。この歌曲集は、若者の悲恋を歌ったものだが、この若者の自殺（小川への入水）に至る物語に付したシューベルトの無類の音楽は、若者の悲恋にすぎないものを、深々と人間の営みの儚さを感じさせるものへと昇華させている。そして、終曲「小川の子守歌」には、救いの光が静かに射しこんでいる。

前述したシューベルト論の中で、その歌詞の末尾「満月が昇り、霧が晴れると、上に拡がる空の、何と広々としていること！」を引用した上で、このリフレインを聴くときに、「僕は何か奇妙な、他界を垣間見たような感覚に襲われるのである。何か気が遠くなるような、一瞬の眩暈である。『上に拡がる空』がその瞬間、割れるような感じである。」と書いた。

そして、「僕が聴いているレコードはヘフリガーのものだが、このバッハのマタイやヨハネのエヴァンゲリストを歌わせては世界最高のテノールの、何か突き刺さるような声、何か世界を突き破るような声が、特にそのような感じをもたらすのかも知れない。」と、この歌曲集をヘフリガーで聴くといかに深々と宗教的なものになるかに触れている。

私が父の死の直後、「美しき水車小屋の娘」を、それもヘフリガーの声で聴きたくなったのは、そのとき「他界を垣間見た」いと強く願ったからであろう。

ヨーロッパ的なもの

エリザベート・シュワルツコップ

二〇〇六年八月三日に、エリザベート・シュワルツコップが九十歳の高齢で死去したことを、翌日の新聞の死亡欄で知った私は、日がな一日、シュワルツコップの歌う、R・シュトラウスの「四つの最後の歌」を繰り返し聴いていた。

このシュトラウスの歌曲は、私の特別に好きな音楽である。そして、シュワルツコップとオットー・アッカーマン指揮フィルハーモニア管弦楽団の演奏によるものを愛聴している。一九五三年のものである。

シュワルツコップは、一九六五年に、ジョージ・セル指揮ベルリン放送交響楽団と同じ曲を録音していて、これは普通、名盤といわれている。しかし、私は、アッカーマンとのものの方が心に滲みるように感じる。セルのはステレオで、アッカーマンのものはモノラルだが、この曲のはかない美しさにはモノラルで十分である。

それに、シュトラウスが死んだのが一九四九年であり、アッカーマンとのものは、まだ四年しか経っていない。「ばらの騎士」の元帥夫人をはじめ、シュトラウスのオペラに出演し、歌曲も多く録音したシュワルツコップは、シュトラウスの死に深い感懐を抱いたことであろう。

三十八歳の全盛期にあったシュワルツコップが、まだその死の記憶が生々しい時期に歌ったアッカーマンとの演奏は、シュトラウスが死の前年に作曲した「白鳥の歌」の、まさに一期一会的な名演である。それに比べると、セルとのものは、たしかにすばらしいが、すでに「芸術的な、余りに芸術的な」ものになってしまっているように思われる。

シュトラウスは、いわば「ヨーロッパ的なるもの」の最後の体現者であった。バッハ以降の（あるいは、それ以前からの）音楽的伝統をたっぷりと吸収した人物であった。音楽における「ヨーロッパ的なもの」のラスト・スパークといってもいい。

そのシュトラウスが、死の予感の中に作曲した「四つの最後の歌」は、シュトラウス自身の「最後の歌」であるとともに、「ヨーロッパ的なるもの」の「最後の歌」でもあった。

「ヨーロッパ的なるもの」は、今日、かなり消えていっているようである。少なくとも、私が大学でフランス文学を学んでいた頃に心の中に抱いていた「ヨーロッパ的なるもの」は、ほとんどなくなってしまった。シュワルツコップの声と容姿は、私にとってまさにその典型の一つだったのである。

シュワルツコップは七九年に引退したので、すでに「ヨーロッパ的なるもの」が実質的に終焉して久しいが、その死はその終末を決定的に感じさせる。そういう思いにひたりつつ私は、「四つの最後の歌」のＣＤを一日、繰り返し聴いていたのである。

同時性の音楽

マルク・ミンコフスキ

NHK教育テレビの「芸術劇場」にチャンネルを合わせたら、マルク・ミンコフスキのハイドンをやっていて、思わずひきこまれたことがある。この指揮者については、その評判は知っていたが、演奏を聴くことはまだなかったので、初めてその卓越した音楽性に触れて、深い感動を覚えた。放映の前年の東京オペラシティコンサートホールでの演奏会の放送であったが、丁度ハイドンの交響曲第一〇四番「ロンドン」が始まるところから見た。

すばらしい演奏で、ハイドンの魅力にますます惹きつけられる思いであった。それで、ミンコフスキのハイドンのCDが出るのを心待ちにし、「ロンドン・セット」全十二曲のライヴ盤が出たとき、早速買って聴いた。期待通り、十二曲とも名演で、それ以来このCD四枚組をよく聴いている。

ミンコフスキのハイドンを聴いていて、頭に浮かんでくるのは、「同時性」という言葉である。ハイドンの交響曲という、二百年以上も前に作曲された音楽が、「同時性」をもって、すなわち、まさに今、作曲されたかのような新鮮さ、生々しさ、推進力にあふれて演奏されているのである。

決して客観的な演奏ではない。また、現代的な演奏でもない。「同時的」な演奏なのである。つまらない客観性でもなければ、現代の感覚に迎合した現代性にはねあがってもいない。実に、ハイドンの時代の時代精神のただ中で聴いているような気持ちにさせる演奏である。

私は、ミンコフスキの「ロンドン・セット」を聴きながら、ふと、一七九一年から九四年にかけてロンドンで開かれたザロモン演奏会の会場にいるかのような臨場感を味わった。

交響曲第九四番「驚愕」の第二楽章は、ティンパニを伴うフォルティシモの打撃で有名だが、これをミンコフスキは、人間の叫び声に代えて話題になった。これなども奇をてらったアイデアだとは私は思わない。「同時性」の問題であると考えるのである。

というのは、第二楽章のハイドンによる「驚愕」のしかけに、我々はもはや「驚愕」しなくなっているではないか。伝統の堆積のために、あるいは聴き慣れてしまったために、現代の我々は「驚愕」しない。それを、ミンコフスキは、もう一度聴衆を「驚愕」させようというのであろう。我々は、ザコモン演奏会の会場にいるロンドンの紳士淑女のように「驚愕」するのである。ミンコフスキのしかけは、「同時性」をもってハイドンを、あるいはクラシック音楽を聴かない、「教養」ある「クラシック愛好家」に対する警告である。

交響曲第一〇〇番「軍隊」は、第二楽章のコーダでトランペットによる軍隊信号が鳴り響くことで有名だが、この呼び名は、ハイドンの交響曲の愛称が後からつけられたものが多いのとは違って、初演に関する新聞の予告にすでに使われている。この軍隊信号が聴衆に与える効果をハイドンも充分知っていたということであり、現実にそのトランペットの響きは聴衆の心に深く突き刺さったに違いない。

この「軍隊交響曲」がロンドンで初演された一七九四年という時代を

考えてみるならば、フランス革命が五年前の八九年であり、対フランス大同盟が結成されたのが九三年である。そして、ナポレオンの登場となり、九六年にナポレオン戦争が始まる。そういう時代のさ中にいた当時の聴衆が、このトランペットの軍隊信号をどのような「驚愕」をもって聴いたかを我々は想像しなくてはならない。

現代の我々は、この軍隊信号をもはや、おもちゃの兵隊のラッパのように、単なる「音楽的」な意味の面白さしか感じなくなってしまっている。それが、ミンコフスキの「同時性」の演奏では、まさに今、ナポレオン戦争に出陣する軍隊が堂々と行進してくるような恐ろしいまでの臨場感をもって迫ってくるのである。

このミンコフスキの「同時性」を支えているのが、そのテンポやリズムの見事さであろう。それを思うとき、グルダのベートーヴェンについて、小林秀雄が「あの人は、テンポやリズムに関して非常に鋭敏、純粋なものを持っていてね。それがベートーヴェンから、おやと思うような面白さを引き出して来るところに、大変惹かれたのだよ」と語っていたのを、思い出す。

グルダのベートーヴェンも実に新鮮な、伝統の垢を払い落とした名演であった。あれにも「同時性」が感じられた。グルダは、ウィーンの正統なるが故に、慣習の破壊者であった。ミンコフスキも、グルダと同じく慣習の破壊者であろう。そういう人間こそが、「同時性」をもって、古典を今日の世界に、生き生きと蘇らせることができるのである。

興味深いことに、ヘンデルの「水上の音楽」においても、ミンコフスキの「同時性」を聴きとることができる。「水上の音楽」は、周知の通り、英国のジョージ一世のテムズ河での水遊びのために書かれたものである。一七一七年七月一七日に初演されたとされる。

夏の夕方、国王は側近や貴婦人たちをひきつれてテムズ河に浮かべた船の上で音楽パーティーをしばしば催した。音楽家を乗せた船がそれに従っていた。テムズ河の上には、御座船をはじめ、音楽を聴こうとする人びとで一杯になった船が数多く浮かんでいた。その光景を想像すると、一幅の歴史絵巻を見るようである。

実際、「水上の音楽」のこれまでのCDのいくつかには、その情景を描いた当時の絵などをジャケットに使っていたものがあったように記憶している。

しかし、そのような当時の歴史絵巻を彷彿とさせるような演奏が、「同時性」の演奏なのではない。それは「復原」的なものにすぎない。ミンコフスキの演奏にある「同時性」は、そのような表面的な「復原性」ではなく、もっと深い「同時性」である。いってみれば、その当時、一七一七年の夏の或る夕方、ロンドンの空の下、河に浮かんだ小舟の上でヘンデルの音楽を聴いた人間が深く感じた「生きる喜び」のようなものを、今日に蘇らせてみせることなのである。

そのことは、ミンコフスキの「水上の音楽」のCDのジャケットに使われている写真にも感ぜられる。

ミンコフスキは、自分のCDのジャケットにも気を使う人らしいが、このCDも面白い。カバー・フォトは、クレジットによれば、イアン・ベリーという写真家によるものである。

川の上に（テムズ河か、それともCD会社がフランスのナイーヴだから、パリのセーヌ河か、いずれにせよ水の上に）小舟が横向きに浮かんでいて、中年の男女が乗っている。左の方に乗り仰向けになって頭を少し持ち上げている男は、帽子をかぶり、両手を頭の後ろで組んで、裸足の足を船ばたから出して水につけている。右側の女は、頭にタオルを巻き、ワインのグラスを持っている。今、一口飲んだところで少し陶然としているようである。

いずれにせよ、この男女は午後のひととき、水の上の小舟に乗りリラックスしている。この写真には、ゆっくりした、深い時間が流れているように感じられる。何か、人生の、人間が生きることの悲しみと喜びが静かに発露してくるようである。

ミンコフスキのヘンデルの「水上の音楽」に鳴っている「同時性」というのは、一七一七年のロンドンの人々がこの音楽を聴いているときに深く感じていた人生の何かを、ミンコフスキが、このジャケットの写真のように、今日のものとして表現しているということである。

ミンコフスキの「水上の音楽」の、「組曲へ長調」の第七曲「エア」や「第一一曲」を聴いているとき、ふと、この写真の男の裸足の足裏が感じている水のひんやりした、気持ちのいい冷たさを感じたことがあった。

ヘンデルといえば、ロンドンの旧居を訪ねたことを思い出す。このヘンデル・ハウス博物館で、ヘンデルに関する分厚い本を買った。ケンブリッジ大学出版局のコンパニオン・シリーズの一冊で、さまざまな研究家の論文をまとめた著作であった。旅の記念として買っておいた。

この本はそのまま放っておいたが、ヘンデル没後二五〇年の二〇〇九年に翻訳が出たのは、うれしかった。副題に「創造のダイナミズム」とある本書は、当時のロンドンのことやオペラ上演の状況など、ヘンデルが生きていた時代の諸相が、さまざまな観点から論じられている。

通読したが、内容が少し専門的すぎて、私のような者にはそれほど興味が湧くものではなかったが、ずうっと当時の歴史的事実や作曲の経緯などを読みつづけていると、不思議なもので、ふと、その時代が目前をよぎるような気持ちになることがある。

例えば、第十章「ヘンデルとオラトリオの概念」を読んでいて、「英語の声楽曲で初めてホルン……この楽器はおそらく一年前に《水上の音楽》の中でテムズ河の川面に響き渡った……が使われたのはこの曲であった」という条《くだ》りに来たとき、一七一七年の夏の夕方のホルンを聴いたように思った。ミンコフスキの「水上の音楽」に聴こえるのも、この「テムズ河の川面に響き渡った」ホルンである。

第三部　日本篇

武人の真情

信時潔

「海ゆかば」の作曲家・信時潔について一冊の本（『信時潔』構想社刊）を上梓したのが、二〇〇五年春のことであった。その年は、戦後六十年、信時潔没後四十年にあたっていた。この本には、或る意味で予想を上まわる反響があった。信時潔が一九三七年（昭和一二）に作曲した代表作「海ゆかば」を深く愛している人が私が何となく思っていたよりも、はるかに多かったのである。

本も増刷を重ね、読者カードもたくさん届いた。読者の方々の声も「海ゆかば」について熱く語ったものがほとんどであり、私はあらためてこの名曲が、昭和の日本人の精神にいかに深く相渉《あいわた》ったものであったかを思い知らされたのであった。

そんなことから、「海ゆかば」をめぐってさまざまな人にその思いを書いてもらうという企画が生まれて、私が編者となり、『「海ゆかば」の昭和』（イプシロン出版企画刊）という本もできあがった。作家、詩人、政治学者、経済学者、神学者、牧師、政治家など多岐な分野から、戦中派から戦後世代まで、多様な五十人に参加していただいた。このことがすでに、この名曲がたんなる音楽を超えた存在であることを示している。「海ゆかば」以外の曲では、このような多彩な顔触れによる文集は編めないであろう。「海ゆかば」は、まことに日本の近代の宿命と悲劇を象徴する音楽に他ならない。

諸家の文章は、みな力作ぞろいだが、ここでは、評論家の粕谷一希の論文の末尾の文章を引用しておこう。『「海ゆかば」の昭和』という本の意味を集約しているように思われるから。

戦後六十年、二世代の歳月を経て、初めて戦争の姿が冷静に語られ出した。（中略）日本人はいまこそ二十世紀前半の自民族の悲劇を誇りを持って語りはじめたらよい。「海ゆかば」は鎮魂曲《レクイエム》として、その序曲を成すことだろう。

これらをきっかけに、戦後の長きにわたり、「海ゆかば」の作曲者として不当に扱われてきた信時潔が復活してきている動きが、信時作品のCD発売やコンサートの開催などによって眼につくようになった。そして二〇〇八年、CD六枚組の「SP音源復刻盤　信時潔作品集成」が、日本伝統文化振興財団から発売になった。このCD六枚組の発売は、ついにこまで来たかという思いを私に抱かせた。近来の快事であった。

この作品集成は、SP盤時代に制作・発売された信時潔の諸作品を集大成したもので、信時裕子氏による詳細な解説が付されている。

全部で百十一曲収録されていて、もちろん「海ゆかば」も「海道東征」も入っているが、この六枚のCDを聴き通して、私に最も感銘深かったのは、「紀元二千六百年頌歌《しょうか》」と「やすくにの」であった。この二曲は、久しく聴きたいと思っていたが、CDもなく、私ははじめてこのSP復刻盤で聴くことができたのである。

「紀元二千六百年頌歌」は桶谷秀昭の名著『昭和精神史』（文春文庫）の中

に、「沈痛な曲」「立派な曲」としてとりあげられていた。
桶谷氏は、「金鵄《きんし》輝く日本の……」ではじまる行進曲（「紀元二千六百年」）が宣伝され、ひろく歌われたが、それを「軽薄なくらゐ明るい歌詞と曲」と批判した上で、信時潔作曲の「紀元二千六百年頌歌」の方を高く評価して、次のように書いている。

しかし、このとき紀元二千六百年奉祝会制定の名目によるもうひとつの頌歌が、式典歌として登場したが、その荘重な旋律の、「遠すめろぎのかしこくも、はじめたまひしおほ大和」ではじまる曲は小、中学校の講堂で歌はれたほかは、世間にひろまらなかった。歴史的回想を主題とする、この沈痛な曲が、軽薄な明るい行進曲の蔭に置き忘れられたのは、この国家的行事に動員された大衆的動向の実質を暗示してゐるやうに思はれる。

信時潔は、「戦後民主主義」の「大衆的動向」の中で、「置き忘れられた」が、実は戦時中も、その「荘重な旋律」の「沈痛な曲」の故に「置き忘れられた」のである。その芸術性の高さによって、時代の「動向」に乗ることはなかった。「海ゆかば」は、時代の「動向」ではなく、時代の「深所」に突き刺さったことによって、奇蹟的に「世間にひろま」ったのである。

「やすくにの」を、ぜひ聴きたいと思っていたのは、次のようなエピソードを知っていたからである。一九六三年（昭和三八）、信時が文化功労者に選ばれた折に出演したNHKラジオ番組「朝の訪問」の中で、長い作曲生活を通じて、最も感銘深かった歌は「やすくにの」であると語り、自ら独唱したというのである。

その曲が発表されたのは、一九四二年（昭和一八）のことである。その作曲の経緯が、実に感動的である。歌詞の短歌は、支那事変のはじめに若くして戦士した立山英夫中尉の町葬が、郷里で行われるに際し、部隊長大江一二三少佐が捧げたものである。

靖国の宮に御霊は鎮まるもをりをり帰れ母の夢路に

これを紹介した津下正章著『童心記』がラジオで朗読放送された。『主婦之友』（一九四二年一一月号）には、楽譜とともに次のような解説が載っている。

作曲家信時潔先生は、この歌が朗読放送されるのを偶然聴かれ、その真情に深く感動、直ちに作曲されました。『童心記』の著者も、「この歌こそは、中尉に捧げられたものであるが、同時に靖国の神とまつられた全将兵に捧げられたものであり、またその全母性に寄せられた涙の感謝である。しかも一部隊長大江少佐の美しい温情であり熱禱であると共に、全将校全部隊長が寄せる亡き部下とその母への『武人の真情』なのである」と述べてをられますが、信時先生は「作曲したのも全くこの心持ちです。」とおっしゃってをられます。

サムライ・クリスチャン、吉岡弘毅の息子であった信時潔も、やはり「武人」であった。「芸術家的な、余りに芸術家的な」作曲家ではなかった。そして「武人」は「軍人」と等しくない。大江少佐は、「武人」であった。大東亜戦争は、「軍人」ばかりではなく、「武人」も戦ったのである。リリー・クラウスのところでとりあげた今村均大将も「武人」であった。信時は「武人の真情」に「深く感動」した。信時潔自身が「武人の真情」の持ち主だったからである。

野の花

信時潔 II

二〇〇七年七月一五日、カザルスホールで、ルガーノ・カルテットの結成二十周年記念コンサートを聴いた。

曲目は、信時潔「絃楽四部合奏」、パガニーニ「弦楽四重奏曲第一番」、ドニゼッティ「弦楽四重奏曲第三番」、そしてミヨーのコンサート組曲「世界の創造」であった。

私が何よりも聴きたかったのは、信時の曲であった。「海ゆかば」や「海道東征」の作曲家、信時潔については、いろいろな場で触れてきたけれども、信時の他の作品については「信時潔歌曲集」というCDに収められた「沙羅」をはじめとする歌曲、花岡千春のCD「木の葉集…信時潔ピアノ曲全集」などしか聴くことができなかった。

ルガーノ・カルテットが、信時の「絃楽四部合奏」をやると聞いた私は、出かけない訳にはいかなかった。はじめて聴く器楽曲であった。少し不安でもあった。信時は、歌曲を中心に仕事をした人である。純粋の器楽曲は、前述のピアノ曲の他には、数少ない。近代日本の作曲家たちにとって、器楽曲、あるいは交響曲というのは、鬼門であった。それに、この「絃楽四部合奏」は、一九二〇年（大正九）、信時三十三歳のときのもので、当時、ベルリン留学中であった。楽譜も未刊であり、今回、初演といっていい。敬愛している信時の作品がつまらないものであったら嫌だなと思っていた。

しかし、この十五分くらいの音楽を聴いて、私は心からうれしくなった。私の不安は、全くの杞憂であったからである。信時らしい、清冽で、格調の高い音楽であった。聴きながら、私は信時が戦後間もなく、語った言葉を思い出していた。

音楽は野の花の如く、衣裳をまとわずに、自然に、素直に、偽りのないことが中心となり、しかも健康さを保たなければならない。たとえその外形がいかに単純素朴であっても、音楽に心が開かれているものであれば、誰の心にもいやみなく触れることができるものである。日本の作曲家で刺戟的な和声やテクス、ノーション等の外形の新しさを真似たものは、西洋作曲家のような必然性がない故に、それの上を行くことはできない。

この信時の発言が「野の花は如何にして育つかを思へ、労せず、紡がざるなり。然れど我なんぢらに告ぐ、栄華を極めたるソロモンだに、その服装《よそほひ》この花の一つにも及《し》かざりき。」（マタイ伝第六章二八、二九節）を踏まえたものであることはいうまでもない。翻って思うに、今日、クラシック音楽界に限らず、日本の文化は、「服装《よそほひ》」を纏《まと》いすぎているのではないか。

青春の決定性

成田為三

「浜辺の歌」は、名曲である。私も好きな曲だが、文化庁が発表した「日本の歌一〇〇選」にももちろん入っている。作曲者の成田為三についてはほとんど何も知らなかったが、白石光隆のピアノによるCD「浜辺の歌変奏曲～成田為三ピアノ曲全集」を入手したところ、その解説書によって、成田為三の生涯、人となり、そしてその音楽的業績などについておおよそ知ることができた。

成田が「浜辺の歌」を作曲したのは、一九一六年（大正五）、東京音楽学校在学中だという。まだ二十三歳であった。今日、この「浜辺の歌」や「かなりや」「赤い鳥小鳥」などの抒情歌・童謡の作曲家として記憶されているが、成田本人は交響曲やピアノソナタといった器楽曲の作曲に情熱を注いだのだった。このCDにも「メヌエット」「ピアノソナタ第一楽章」「ロンド」「フーゲ」といった曲が並んでいる。

しかし、私がこのCDを聴いて感銘を受けたのは、「浜辺の歌変奏曲」であった。「ピアノソナタ第一楽章」や「ロンド」といった曲には、近代日本の芸術家、文学者の多くに、悲劇、あるいは喜劇をもたらした「眼高手低」の問題を感じざるを得なかった。

「眼高手低」とは、高い理想は知ったが創作力が伴わないといった意味だが、成田もベートーヴェンをはじめとするドイツ音楽に聴きとったものを血肉化するには至らなかったように思われる。やはり、「耳高手低」であった。

それに比べて、「浜辺の歌変奏曲」は、肩の力が抜けている。CDの解説書にも「肩肘を張らずに、自在に変奏技法を操る余裕を感じさせる」と書いてある。

「浜辺の歌変奏曲」を作曲したのは、戦時下の一九四二年（昭和一七）のことである。成田は五十歳になっていた。成田は三年後の一九四五年（昭和二〇）年十月二八日に戦後の混乱の中で急逝してしまうので、私にはどうしてもこの変奏曲は、成田の「白鳥の歌」のように感じられるのである。

最晩年に至って、青春の処女作「浜辺の歌」をテーマにして、七つの変奏とコーダから成る変奏曲の作曲を思い立ったとき、成田は交響曲やピアノソナタを創作しようとして長年続けてきた異様な努力の果てに、青春時代に自分の才能のすべてを実は発見してしまっていることに気がついたのかもしれない。七つの変奏には、青春が発見したテーマが内包していたさまざまな感情の芽が豊かに展開されている。

二十三歳のときの「浜辺の歌」と五十歳のときの「浜辺の歌変奏曲」、この二曲は芸術家における青春の決定性を、あらためて考えさせるものである。

軍歌の歴史性

高木東六

作曲家の高木東六が、一〇二歳の高齢で二〇〇七年八月二五日に亡くなったのを次の日の新聞で知ったが、その記事を読んだとき、ふと或ることに気がついた。

『産経新聞』の記事の中程には、「明治三十七年、鳥取県生まれ。東京音楽学校（現・東京芸大）に学ぶが、ドイツ音楽全盛の中でフランス音楽に惹《ひ》かれて中退、パリで音楽を学び帰国。戦時中の作品に軍歌『空の神兵』がある。戦後作った唯一の歌謡曲『水色のワルツ』は同時代の作品とは一線を画した明るいメロディーで、二葉あき子さんの歌によって多くの人の心を和ませた。」とある。

一方、『朝日新聞』の死亡記事には、「鳥取県米子市生まれ。東京音楽学校（現東京芸大音楽学部）を中退し、パリの名門スコラ・カントルムでピアノを学んだが、現地で知り合った山田耕筰の勧めで作曲を志した。戦後、二葉あき子が歌って大ヒットした『水色のワルツ』が代表作で、作曲数は二千とも言われる。」と書かれている。

違いは、軍歌「空の神兵」が、朝日の方に載っていないことである。実に異様なことだと感じて、『読売』、『日経』、『毎日』も調べてみた。

すると、『読売』には「戦時中の四二年に軍歌『空の神兵』を作った。」とあり、『日経』には「パリに留学し、三二年に帰国した後は『空の神兵』などの軍歌を作曲して知られた。」とある。

『毎日』には、もっと詳しく書かれている。「第二次大戦で徴用され、旧満州（現中国東北部）、朝鮮、香港などに音楽慰問として派遣され、多くの軍歌を作曲。中でも落下傘賛歌の『空の神兵』が人気で、戦後も愛唱された。」

各紙を調べてみると、『朝日新聞』の軍歌「空の神兵」に対する黙殺は、際立って見えてくる。このような歴史に対する歪曲、「歴史認識」の意図的な操作は、他のいろいろな方面にも行われていることに違いない。

ヨーロッパで行われた、世界中の軍歌を評定する会議で、日本のものでは「空の神兵」が第一位に選ばれたと聞いたことがある。桶谷秀昭の名著『昭和精神史』の中には「当時、高木東六の作曲になる『空の神兵』といふ軍歌が流行してうたはれ、その歌詞もわるくなく、曲は信時潔の『海行かば』とともに戦争歌曲としての秀作にかぞへられるものである」と書かれている。

キングレコードの「海ゆかばのすべて」には、高木東六の編曲による、チェロとピアノの「海ゆかば」が入っている。一九四二年（昭和一七）の録音（ということは「空の神兵」と同年）であり、ピアノを高木東六が弾いている。「海ゆかば」を編曲した高木東六、これも黙殺してはならない歴史と高木東六という人間の真実なのである。

近代日本の宿命

近衛秀麿

『近衛秀麿　日本のオーケストラをつくった男』（大野芳著、講談社刊）を読んで、実にさまざまなことを考えさせられた。それらは、結局日本の近代の宿命に収斂していく問題であったが、この近衛秀麿という日本最初の指揮者の生涯と音楽は、その宿命をくっきりと浮かびあがらせるものに他ならなかった。

近衛秀麿は一八九八年（明治三一）に生まれ、一九七三年（昭和四八）に享年七十五で没した。日本のクラシック音楽界の開拓者であった。しかしその全盛期は戦前にあり、私のような戦後生まれの人間は、その伝説的な名前を知ってはいても、その実演に触れる機会は残念ながらなかった。

その伝説的なイメージは、近衛公爵家の次男であり、兄が宰相近衛文麿であることや、その指揮ぶりがユニークであったことなどから形づくられたものに違いない。フルトヴェングラーを尊敬していた近衛秀麿の指揮法は、「振ると面食らう」と揶揄されたそうだが、秀麿という人物とその波瀾に富んだ生涯もまた「面食らう」ものである。それは公爵の出身というところから来ている面もあるかもしれない。

それにしても、一九二四年（大正一三）に二十六歳で、もうベルリン・フィルを指揮したり、一九三〇年（昭和五）に、マーラーの交響曲第四番を世界で初録音したことなどは、今日の我々の音楽史的常識にとって「面食らう」事実である。

この近衛秀麿の詳細な伝記には、興味深い写真が何枚か入っている。その中に「一九三三年一〇月三日、ベルリン・フィルを指揮する秀麿」と説明書きのついた一枚がある。この写真を眺めていると、この洋服を着て、ドイツのオーケストラでベートーヴェンなどを指揮している日本人の祖父が、幕末に左大臣であった近衛忠房であったことが、ふと思い出される。

幕末維新期の歴史を叙述した傑作、大佛次郎の『天皇の世紀』の中に、忠房が例えば次のように登場する。「近衛忠房が、薩藩の西郷吉之助を召して意見を求めた。西郷もまた慶喜の申し分に同意であると答えた。」

このような幕末維新期の政争のただ中に、衣冠束帯を着用してあらわれる左大臣——その家は宮廷音楽の雅楽を統括する役目を担っていた——の孫が、明治維新からわずか半世紀あまりで、洋服を着て西洋の一流オーケストラを振ったことは、かつて夏目漱石が「現代日本の開化」で指摘した、日本の近代化の悲喜劇の一幕ともいえるであろう。日本の近代の宿命としての「外発性」は、子爵近衛秀麿という人物の形をとってまざまざと浮かび上がっているからである。

一筋の音の流れ

花岡千春

花岡千春のＣＤ「花林《マルメロ》／雨の道〜橋本國彦、信時潔、畑中良輔ピアノ作品集」は、発売直後に買い求めた。曲目は、最初と最後に畑中良輔のもの（九つの前奏曲より第七番と歌曲「花林《マルメロ》」のピアノ独奏版）、そして橋本國彦の「三枚繪」「をどり」「おばあさん」「タンスマニズム」「小円舞曲」、それに信時潔の「きえゆく星影」「六つの変奏曲〜『幼き日学べる卒業式の歌』による」と「東北民謡集」よりの十四曲である。

私は、やはり信時潔の作品がおもしろかった。こう書くと、近来信時潔についていていろいろと書いてきた人間の信時びいきのように聞こえるかもしれないが、決してそういうものではない。

ＣＤの解説書に、花岡氏は「ある音脈によせて」と題した文章を執筆しているが、冒頭に次のようなことが書かれている。

この一枚のCDに信時潔から橋本國彦そして畑中良輔に至る音脈を込めたいというのが、不遜ながら僕の願いであった。その音脈とは、いたずらに前衛に傾くことを拒否し、自分の心に正直な音を、自身が納得したやり方で書き続けようとした系譜が生み出した、一筋の音の流れのことである。

この「一筋の音の流れ」の一番の高みに、信時潔が立っているように思われるのであり、このCDでも「六つの変奏曲～『幼き日学べる卒業式の歌』による」は、味わいの深いものである。素朴であるが、浅くはない。心の浅さを複雑な意匠でごまかそうとする芸術家は多いが、信時は堂々と「自分の心に正直な音を、自身が納得したやり方で」作曲している。

「いたずらに前衛に傾くこと」に熱中した戦後を「悲しい時代」だと花岡氏は次のように批判している。

二十世紀後半、時代が前衛に偏るあまり、保守的な方法にこだわる創作家たちは、ほとんど評価されなかった。なにを表現するのかではなく、どんな方法を使っているのかが先ず問われてしまう悲しい時代が存在したということである。

この「悲しい時代」は、戦後の言論空間にも存在したのであり、引用文中の「前衛」は「進歩的知識人」といいかえることができるであろう。しかし、戦後も七〇年が過ぎて、ようやくこの「悲しい時代」が終焉しつつある。

クラシック音楽界においても、「前衛」への「偏向」を正す花岡氏のような音楽家が出現したこと、そしてそのピアノの美しい音を「喜ばしい音づれ」として、私は聴くものである。

そして、花岡千春のCD「日本のソナチネ」も、私の気に入りの一枚である。花岡氏が出されたCD、「木の葉集～信時潔ピアノ曲全集」、「子供のために～花岡千春タンスマンを弾く」、前述の「花林／雨の道～橋本國彦、信時潔、畑中良輔ピアノ作品集～」、「清瀬保二ピアノ独奏曲全集」、

「フランスの花々～花岡千春タイユフェールを弾く」といった仕事もまた、私にとっては一筋の清い流れのように感じられる。世に大きく騒がれる濁流のようなものから遠く離れて、細いけれどもきれいな水の小川とあらわすべき、今日実に貴重な精神的営為である。

信時潔、橋本國彦、畑中良輔、そして清瀬保二といった日本人の作品は、現在、大きくとりあげられることはまずないが、花岡氏の曇りのない、先入見から自由な、そして繊細な選択眼によって、新鮮な光があてられている。タンスマンやタイユフェールというフランスの作曲家も、決して大音楽家としての扱いを受けていないけれども、花岡氏は、そういう音楽史的通念にとらわれず、彼らの作品を、その作品自体の持っている価値のままに、心をこめて弾いている。

「日本のソナチネ」も実に生き生きとした演奏で、この戦前に作曲された「ソナチネ」群が、まさに現在性を帯びて蘇っている。花岡氏は、フランスに留学され、フランス文化に造詣が深いが、その演奏には、ベルクソンのいわゆる「エラン・ヴィタール（生命の躍動）」が感じられる。日本人には、この「エラン」を持っている人は、稀である。

このCD「日本のソナチネ」には、江文也「小奏鳴曲」、坂本良隆「ソナチネ」「日本民謡による三つの小曲」、守田正義「ソナチネ」、山田一雄「ソナチネ」、小倉朗「ソナチネ」、松島彜《つね》「ソナチネ」「ワルツ」、宅孝二「ソナチネ」、山田耕筰「ソナチネ」といった、まずほとんど聴いたことのない作品が収められている。

戦前の日本人の作品など大したものではないという先入見を持っている人も多いかもしれないが、このCDを聴くと、その考えも変わる。花岡氏の、これらの曲を選びだす批評眼のよさからなのであろうが、聴いていてつまらない平板な曲はなく、それぞれ作曲家の「楽興の時」から生まれたものであることが感じられる。

それにしても、江文也のものが一九四〇年（昭和一五）。守田正義と山田一雄のものが一九四三年（昭和一八）、宅孝二のものが一九四二年（昭和一七）に作曲されている。大東亜戦争の「戦時中」というのは、やはり実に不思議な文化の時代といえるであろう。

花岡氏のCDの楽しみの一つは、屈指の名文家である氏によるライナー・ノーツを読むことである。その解説文は、音楽史的学識の深さと音楽学的認識、そして繊細な批評精神に基づいているので、私など専門的教養のない者にとっては、実に教えられることが多い文章である。

今回のCDの解説書には、「日本のソナチネについて」という一文が載っている。その中で、「ソナタ」と「ソナチネ」を比較して、実に興味深い指摘がなされている。

昭和初期になると、いくつかの大作ピアノソナタを認めることも出来るが、オクターヴのパッセージに埋められたそれらは、いたずらに大仰なだけで、技法的には未だ熟していない。ソナタが外貌の大仰さとは別の、作曲技法の精華であることが、この時期になっても理解されていなかったことが覗える例である。（中略）

さて、このCDは第二次大戦前に書かれたソナチネが集められている。ソナチネという命名の裏には、ソナタに比べ、ある種の謙虚さや躊躇《ためら》い、或いはレトリックめいた感情が読み取れはしまいか。おそらく、こうした性格こそが、日本人に多くのソナチネを書かせた要因だということとも言えよう。

日本とは、本来「ソナチネ」の国なのではあるまいか。「ソナタ」の国ではないのではないか。これは、決して「卑下」していっているのではなく、「謙虚」にそういっているのである。

「ソナチネ」に、日本の、あるいは日本人のよさが出る。日本の文化は、「ソナチネ」の小ささの中に、その特性を発揮するのではないか。明治維新以降、特に戦後の日本は、その高度成長の下、欧米にならった「ソナタ」になろうとしたが、その無理が、今日の日本の破綻を招いているのであろう。

日本は今一度、「ソナチネ」の規模、あるいは構えに戻るべきではないか。こんなことを、このCDを繰り返し聴きながら考えたことであった。

あとがき

本書は、月刊の音楽情報誌「モーストリー・クラシック」に、二〇〇六年六月号から二〇〇八年五月号まで「音楽雑話」と題して、二〇〇八年六月号から二〇一一年五月号までは「音楽の詩学」という題に変えて連載したものに加筆訂正の上一冊にまとめた本である。その際、順番を入れ替え、タイトルも変更した。

五年間に及ぶ連載であったが、毎月新譜のCDや話題の演奏会、さらには新刊の音楽書をめぐって考察することができて、まさに「楽興の時」ともいえる時間が齎せられた。シューベルトのピアノ曲集「楽興の時」は、真の音楽というものは、何かこの世ならぬところから、突然やってくることを深く感じさせる傑作であるが、そもそも「楽興の時」というものは、そういう天来の時間なのであろう。

明治の批評家、斎藤緑雨のアフォリズムに、「音楽は即ち国のさゝやき也」というものがあるが、現在の日本で鳴っている音楽（本書の場合はクラシック音楽）を単に音楽としてではなく、今の日本という「国」の「さゝやき」として聴き取るという批評の方法は、二〇〇二年に上梓した『国のさゝやき』以来のものである。どのような音楽が鳴っているか、あるいはどのような演奏がなされているかという今日的状況の奥の方に、現在の日本の文化の内実や日本人の精神の形が響いているに違いないからである。

二〇〇五年に刊行した『鈴二つ』は、『続・国のさゝやき』ともいうべき本であった。そして、今度の『ハリネズミの耳』は、いわば『続々・国のさゝやき』ということになる。ハリネズミは、この世界の、あるいは、精神の奥の「さゝやき」を聴こうとして、いつも耳を垂直に欹《そばだ》てているのである。

連載の最終回は、前述した通り、二〇一一年五月号に載ったが、四月二〇日に発売であったから、この原稿を書いたのは三月の下旬であったと思う。ということは、3・11の東日本大震災の直後であった。本書に「歴史の暮方にて」として入っている章である。ここには、やはり3・11の衝撃の余波がしみ込んでいるように感じられる。

最終回の原稿を書いた後、四月上旬にイタリアのヴェネツィアに旅立ち、九月末まで滞在することになった。その半年間の時間の中で、大震災後の日本について、そして遡れば日本の近代の問題を考えることが多かった。

それは、帰国後も続いたが、その考察は昨年八月に上梓した『異形の明治』に結実したように思う。そんなことで、この本をまとめるのが遅れたが、ある意味では、3・11以前の音楽随想を刊行するのには、四年くらいの時間が必要だったともいえるかもしれない。

前著『シベリウスと宣長』に引き続いて、「港の人」の上野勇治さんには快く本書の出版を引き受けて頂いた。厚く御礼申し上げます。

新保祐司

二〇一五年九月　猛暑の夏の終りに

新保祐司◎しんぽ　ゆうじ
一九五三年生まれ。東京大学文学部仏文科卒業。文芸批評家。現在、都留文科大学教授。著書に、『内村鑑三』（一九九〇年）、『文藝評論』（一九九一年）、『批評の測鉛』（一九九二年）、『日本思想史骨』（一九九四年）、『正統の垂直線——透谷・鑑三・近代』（一九九七年）、『批評の時』（二〇〇一年）、『国のさゝやき』（二〇〇二年）、『信時潔』（二〇〇五年）、『鈴二つ』（二〇〇五年）以上、構想社。『島木健作——義に飢ゑ渇く者』（リブロポート、一九九〇年）、『フリードリヒ　崇高のアリア』（角川学芸出版、二〇〇八年）、『異形の明治』（藤原書店、二〇一四年）、『シベリウスと宣長』（港の人、二〇一四年）。編著書に『北村透谷——〈批評〉の誕生』（至文堂、二〇〇六年）、『「海ゆかば」の昭和』（イプシロン出版企画、二〇〇六年）、『別冊　環⑱　内村鑑三　1861-1930』（藤原書店、二〇一一年）。

ハリネズミの耳
――音楽随想

二〇一五年十一月二十七日初版第一刷発行

著　者　新保祐司
装　幀　飯塚文子
発行者　上野勇治
発　行　港の人
〒二四八―〇〇一四神奈川県鎌倉市由比ガ浜三―十一―四十九
電話〇四六七（六〇）一三七四　ＦＡＸ〇四六七（六〇）一三七五
http://www.minatonohito.jp

印刷製本　シナノ印刷

ISBN978-4-89629-305-0